秦始皇、拿破崙、甘地……
歷史不該是枯燥乏味的年表，而是人與時代的故事！

從20位名人
看懂世界史的基礎

山本直人

前言

「人物說明完全看不懂。」有學生來找我求救，不知道是看不懂參考書上的文章，還是看了文章以後無法吸收。我教的都是高三考生，他們從小學到高中都會上國文課，不可能看不懂文章。所以，應該是出了某些差錯，他們才沒辦法順利融會貫通吧。

本書就是為了彌補這個「差錯」才會出版。

世界史上的偉人出生的時代和地點都不一樣，他們是這兩個不同要素結合而成的「異質複合體」。學生因為無法想像「時間」和「地點」，即使能看懂人物解說文寫了什麼，卻還是會有種無法進入狀況的感覺。談到佛陀時，如果不了解西元前500年左右的印度情勢，就無法理解他的行動；談到拿破崙時，也需要掌握法國大革命的脈絡，以及他對後世造成了什麼影響。

本書細心地解開世界史的經緯（時間軸與空間軸），貼近名人的生平。有了這個基礎，就能清楚了解他們的一生。

本書分成古代、中世紀、近代、近現代4個時期，解說各個時代的代表人物。每一位人物都是獨立的篇章，不管從哪位人物開始閱讀都沒問題。

本文是以老師（鴿老師）和學生（小羊／海豚）的對話形式寫成，目的是讓他們在有疑問的地方，代替大家打破砂鍋問到底。他們會在輕快的一搭一唱中，認真地推進人物的故事，若讀者能透過這些對話愉快地學到偉人的一生，就是著者的榮幸。鴿老師肯定也會感到很高興。

小羊和海豚的原型是參考我教過的學生，並不是指特定的人物，而是融合好幾名學生的虛構人物。這本書可以說是我和學生一起寫成的吧。感謝這群總是認真、誠懇、滿懷熱忱聽我講課的學生，謝謝他們願意聽我偶爾開些無聊的玩笑。我有一群優秀的好學生，如果他們願意翻開這本書、笑著回顧世界史偉人的生平，這便會是我最大的喜悅了。

　另外，感謝木南編輯一路忍受我龜速的寫作效率，總是溫柔地笑著說「沒關係」、鼓勵我這個老是寫不出來的著者。最後，感謝妻子願意溫暖陪伴整天念著「好忙好忙！」而拋開家事、不斷寫作的我。

　我們現在就出發，去探索深奧的偉人故事吧！

山本直人／世界史鴿

從20位名人看懂世界史的基礎
contents

前言　2
本書的使用方法　10

第1章　古代

漢摩拉比王 ────────────── 13
統一美索不達米亞、制定了漢摩拉比法典！
1. 農耕的起源與文明　13
2. 國家體制的維持和蘇美人　16
3. 美索不達米亞的狀況與巴比倫第一王朝　18
4. 漢摩拉比王的一生　19
5. 法典的意義及其後續　22

亞歷山大大帝 ────────────── 25
遠征東方、擴張希臘世界！
1. 馬其頓的亞歷山大　26
2. 亞歷山大的家庭背景　28
3. 開始遠征東方　30
4. 東征的尾聲　31
5. 亞歷山大大帝的目的　32

悉達多・喬達摩 ────────────── 33
開悟的佛教創始人！
1. 南亞與印度河流域文明　33
2. 雅利安人入侵與婆羅門教　35

3 腐敗的結構與改革運動　36

4 悉達多‧喬達摩的一生　37

5 佛教的任務　39

凱撒 ——————————————————— 42
羅馬共和國的英雄！

1 古羅馬解體　42

2 羅馬共和國的混亂　44

3 凱撒崛起　46

4 統一天下　47

5 夢的盡頭　49

秦始皇 ——————————————————— 52
史上首度統一中國，自立為皇帝！

1 什麼是統一　52

2 制度化的中國史　55

3 周與春秋戰國時代　56

4 秦王政與統一中國　58

5 秦始皇的目的　60

第 2 章　中世紀

楊貴妃 ——————————————————— 65
令玄宗一見鍾情的傾國美女！

1 皇帝的妻子們　65

2 玄宗與楊貴妃　67

3 何謂善政，何謂惡政　68

4 安史之亂　69

5 唐的沒落　70

查理大帝 ——————————————— 72
接受教宗加冕的羅馬人皇帝！
1 日耳曼民族大遷徙　72
2 法蘭克王國與亞他那修派　73
3 卡洛林王朝與天主教會　75
4 查理大帝的一生　76
5 走向加冕　79

英王約翰 ——————————————— 81
簽署大憲章的無地王！
1 不列顛島的歷史　82
2 金雀花王朝與十字軍　83
3 英王約翰的一生　85
4 大憲章與王權　86
5 英王約翰的評價　86

聖女貞德 ——————————————— 89
收到神啟的百年戰爭英雄！
1 中世紀的封建國家　89
2 百年戰爭爆發　91
3 法國屈居劣勢　92
4 貞德的一生　94
5 貞德的火刑及後來的歐洲　95

成吉思汗 ——————————————— 97
奠定蒙古帝國基礎的第一代皇帝！
1 騎馬遊牧民族　97
2 蒙古高原的遊牧民族與中國　99
3 土耳其民族西進與通古斯民族崛起　101
4 13世紀是蒙古世紀　102
5 成吉思汗之後的蒙古　104

第3章　近代

哥倫布 ——————————— 109
成功航抵美洲大陸的航海家！
1. 近代的歐洲　109
2. 香辛料與大航海時代　110
3. 西班牙的收復失地運動　111
4. 哥倫布抵達新大陸　113
5. 發現美洲造成的影響　115

馬丁・路德 ——————————— 117
發起宗教改革、催生出新教！
1. 天主教會與贖罪券　118
2. 路德的宗教改革　119
3. 路德與查理五世　120
4. 宗教改革的展開　122
5. 宗教改革及其後續　125

蘇萊曼一世 ——————————— 127
鄂圖曼帝國全盛時期的名君！
1. 土耳其人西進　127
2. 塞爾柱王朝與小亞細亞　129
3. 鄂圖曼帝國成立　130
4. 蘇萊曼一世的治世　132
5. 蘇萊曼一世的晚年及後續的鄂圖曼帝國　135

康熙皇帝 ——————————— 137
清朝全盛時期出現的賢君！
1. 中國與北方民族　137
2. 女真的金朝　139

3 滿洲的崛起與清朝　140
4 康熙皇帝的治世　142
5 全盛時期的清朝及其後續　144

路易十四 ——————————— 147
波旁王朝專制君主制全盛期的國王！
1 何謂主權　147
2 主權國家的成立　150
3 專制君主制　151
4 「太陽王」路易十四　152
5 路易十四及其後續　155

第4章　近現代

拿破崙 ——————————— 161
終結法國大革命、登基為皇帝！
1 法國的矛盾　161
2 法國大革命爆發　163
3 革命戰爭與國民公會　165
4 拿破崙崛起與執政府　168
5 第一帝國與拿破崙垮台　172

林肯 ——————————— 176
終結南北戰爭的美國總統！
1 北美十三州殖民地　176
2 美國獨立　177
3 南北的對立結構　178
4 林肯與南北戰爭　180
5 美國及其後續　183

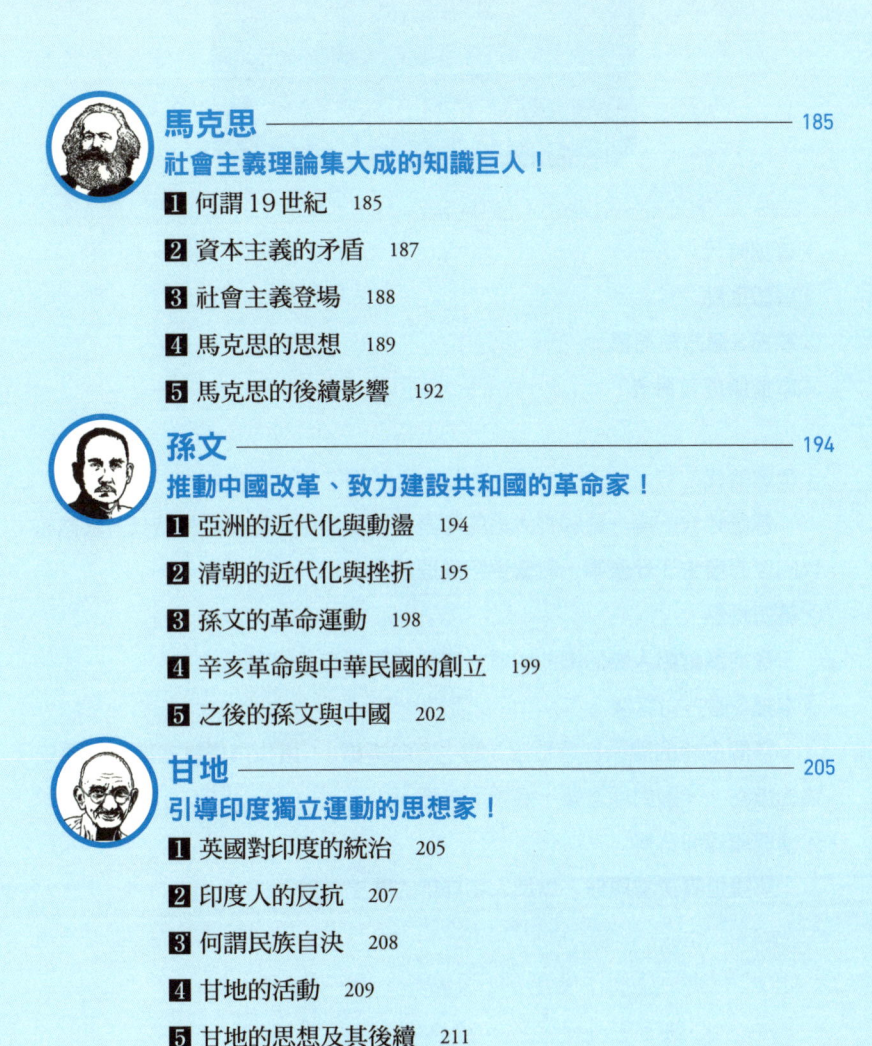

馬克思 ——————————————————— 185
社會主義理論集大成的知識巨人！
1. 何謂19世紀　185
2. 資本主義的矛盾　187
3. 社會主義登場　188
4. 馬克思的思想　189
5. 馬克思的後續影響　192

孫文 ——————————————————— 194
推動中國改革、致力建設共和國的革命家！
1. 亞洲的近代化與動盪　194
2. 清朝的近代化與挫折　195
3. 孫文的革命運動　198
4. 辛亥革命與中華民國的創立　199
5. 之後的孫文與中國　202

甘地 ——————————————————— 205
引導印度獨立運動的思想家！
1. 英國對印度的統治　205
2. 印度人的反抗　207
3. 何謂民族自決　208
4. 甘地的活動　209
5. 甘地的思想及其後續　211

本書的使用方法

①確認時代
②確認地點
③掌握3個方向指標
④掌握原理和背景

①**確認時代**
　　各個時代的第一頁都有大略的年表。只要知道人物所處的時代、那個時代的世界發生了什麼事，就會更容易理解。

②**確認地點**
　　看地圖確認人物活躍的地區，想像他活躍的那個地方。

③**掌握3個方向指標**
　　各個主題的開頭都會提出3個「方向指標」，這些指標就是成為世界史通的重點。一邊對照答案一邊讀下去吧。

④**掌握原理和背景**
　　解說世界史的原理，以及人物詳細的歷史背景。

第 1 章

古代

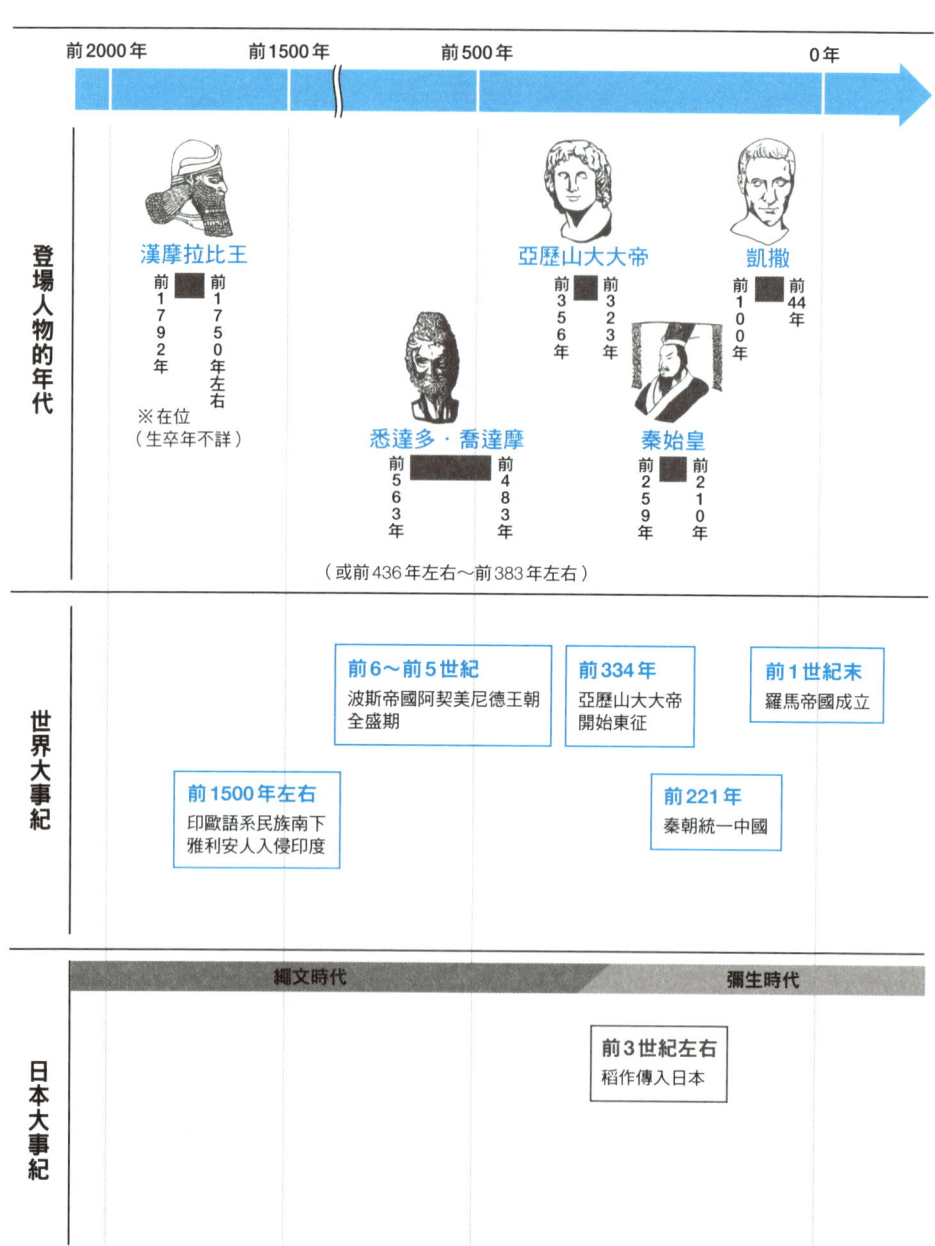

第1章 古代

漢摩拉比王
統一美索不達米亞、制定了漢摩拉比法典！

方向指標

- 掌握農耕與文明的關係
- 維持國家體制需要什麼
- 了解漢摩拉比法典的意義

「今天要來講漢摩拉比王，聽眾是小羊。」

「鴿老師，麻煩你了。

我聽過漢摩拉比王，他說過『以眼還眼、以牙還牙』對吧。」

「這個嘛，姑且先不論他有沒有說過，他是因為制定漢摩拉比法典而聞名。這次，我們要來更深入探索漢摩拉比王的故事。」

1 農耕的起源與文明

「小羊，你知道我們人類是從什麼時候開始從事農耕的嗎？」

「要從那麼久以前開始講嗎 」

「沒錯！**開始「農耕」和發明「文字」以後就是歷史時代**。我們要了解世界史的原理原則，同時來解析人物。」

「我不知道欸，你這麼一問，我才發現自己不太清楚農耕的起源是什麼時候。歷史課在上史前時代時，都會出現好多人類的化石名稱，搞得我好亂啊。」

「所以世界史這個科目，就是要將這些東西體系化！

順便一提，存活到現代的人類只有**智人**。智人把尼安德塔人等其他人類通通都消滅了。就是驅逐啦。」

「這樣好過分喔。」

13

「畢竟他們無法共存啊。

因此,人類長久以來,一直都是靠狩獵和採集為生,這種方式稱作**搜食經濟**,靠著獵捕動物、採集植物來生活。

這個時期的人類群體規模並不需要擴大,於是形成頂多只有幾十個人的原始社會。」

「打獵和煮飯、做衣服和蓋房子,都是只要自己想辦法就能做到吧。所以在搜食經濟時期,才沒有形成很大的群體。」

「對,沒錯!

雖然……話是這樣說,不過在距今1萬年,正確來說是大約1萬1700年前,地球的氣溫升高了許多,結果促進了植物生長。因此,人類就想『既然植物可以長這麼多,那我們是不是可以控制它的生長?』於是就開始從事農耕了。」

「原來農耕是這樣開始的啊。」

「這就稱作**產食經濟**。

早期的農耕是靠雨水灌溉,不過在距今約7000年前,就開始透過人工將農業用水引至農地,也就是『灌溉農業』。」

「『灌溉』兩個字好難寫喔……」

「嗯,農業需要細心經營,所以到了這個階段,智人之間就需要進行高度合作了。

小羊,你說在狩獵、採集時期,所有工作都可以一個人完成對吧。但是,農業可沒那麼簡單。有人要負責耕田,有人要建造水路,有人需要帶著農耕產物翻山越嶺去交換黑曜石,還有人需要負責抵抗入侵的周邊部落。這個時候,就產生了**分工的概念**。」

「總覺得變複雜了……」

「我們再更進一步來看合作和分工的概念吧。

人口增加後，為了補充不夠的糧食，鄰近的村落之間會發生紛爭。因為水路和農地要是疏於整頓，生產量就會減少嘛。所以，各個村落需要強大的士兵和擁有專業技術的人。

農產品就代表『財富』，**如果沒有人可以收集財富並加以管理、公平分配給大家的話，社會就無法維持下去了**。雇用技術人員和戰士又需要不少支出。因此要徵收大眾的財富，再分成軍事費、土木費、公務人事費⋯⋯必須像這樣仔細分配。」

「嗯嗯，我懂了。就是要有一個人負責指揮，由他來分配工作對吧，把大家生產的農作物收集起來再分出去⋯⋯」

「這裡我們就把這個功能稱作『**政治**』吧。這是非常重要的功能。小羊，這個政治的原理在後面會一直出現，所以你要好好記住才行喔。」

「老師，這個功能就代表身分對吧。」

「沒錯！農耕社會分成生產者和管理者，於是身分階級，也就是**階層結構便因應而生**。

階層結構是以領導者為中心，形成金字塔型結構。我們就把向一般大眾收集、分配財富的人看作統治者。在古代社會，統治者大多是祭司，他們以戰士的武力為後盾，收集並分配大眾生產的財富。

畫成圖示的話大概就是這種感覺（下一頁，圖1－1）。

圖1-1　階層金字塔與財富的集約、分配

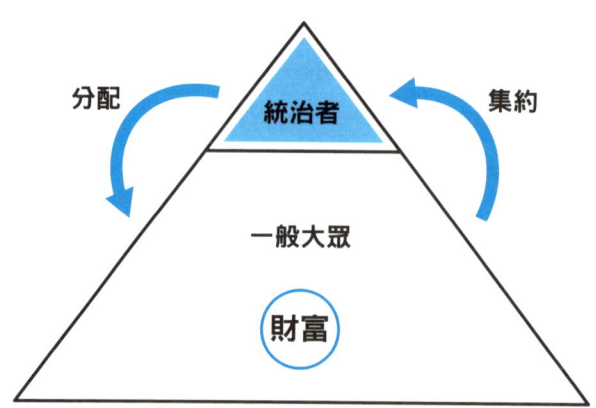

關於農耕的起源和身分階層的關聯，至今依然有詳細的討論，不過**『財富的集約和分配』是學習歷史很重要的原理**。我們就牢牢記著這個理論，來了解漢摩拉比王跟他的成就吧！」

 ## ２ 國家體制的維持和蘇美人

「小羊，你想成為哪個身分階層呢？」

「那當然是國王啊，可以享受榮華富貴欸！」

「國王！！當國王很辛苦喔，而且各種行動都會受到限制。

還是當統治者好啊，統治者。創造出身分階層的智人、統治者們**為了維持社會體制，發明了很多『招式』**。

比方說，國王是位於身分階層的頂點，他當然是個人類。但是讓一個跟大家都是同種族的人類負責收集財富，也就是徵稅，這在一般大眾看來，自然無法理解他究竟有什麼資格徵稅，甚至還會覺得讓人很火大吧。」

「說的也是，大家都是人，憑什麼他可以徵稅，我卻要繳稅呢。

這未免也太奇怪了吧，不是人人平等嗎！」

「哇，你的想法很盧梭喔。

總而言之，君主就是神或神的代理人，國王具有權威性。這就是**神權政治**。因為是神統治的國家，要是做出不符合神旨的行為就會受罰，很可怕啊。這樣做的目的就是利用神的光環來強行控制大家的行動，好維持體制。

同理，『**神話**』和『**龐然大物**』發揮了同樣的功能，神話就像是一本宣傳手冊，描述在很久以前有一段漫長的眾神時代，而在祂們之後是由第一任國王繼承，所以國王有正統的理由統治現在的大家，藉由神話來保證統治者的正當性。『歷史』也是一樣，它的用途無非是證明國家的所做所為皆為正當。

此外，『龐然大物』就是指巨大的建築物。神輕而易舉就能創造出無與倫比的龐然大物，民眾仰望這壯觀的建築物、感到畏懼，就會乖乖地接受國家的統治。」

「原來『國王』和『歷史』都是建立國家的原理啊。從這個角度來看很新奇呢。還有什麼其他的原理嗎？」

「另外還發明了各種功能，比方說『曆法』是農耕必備的季節行事曆，但曆法的目的也是管理人民的行動。所以在古代社會，**天文學**相當發達，『數字進位制』和『測地術』也是同樣的道理。

古代社會**最大的發明是『文字』**。文字的作用，就是記錄作為稅金而徵收的農產品，本質是為了組織的營運。在金字塔型的社會結構中，國王的命令系統必須有一致性。如果國王的指令在各個階層的各個部署都不同的話，就無法有效率地管理組織了吧。所以，才需要透過不易讓資訊發生錯誤的文字來下達命令。順暢的溝通可以補足政治功能。

而最早採取這些功能、建立都市文明的，就是**蘇美人**。」

3 美索不達米亞的狀況與巴比倫第一王朝

「哦,那漢摩拉比王就是蘇美人囉。」

「不,很抱歉,他不是蘇美人。進入正題以前,再聽我多講一些。

蘇美人大約在西元前3500年,在底格里斯河和幼發拉底河之間美索不達米亞南部的烏爾和烏魯克,建立了都市文明。我們來看地圖(圖1-2)確認一下位置吧,大概就是這一帶。

圖1-2 古代美索不達米亞的位置和蘇美人的都市

蘇美人使用陰陽曆,制定了六十進制的度量衡,還發明了車輪。他們建造了巨大的神殿、創造神話,將其文明流傳於後世。他們使用的楔形文字,有很長一段時間都是美索不達米亞地區的標準文字。蘇美人全力投入剛才介紹的各種國家原理,來經營組織。」

「這些機制感覺在以後的王朝也能直接使用!」

「說真的,**蘇美人發明的這些功能,幾乎都可以直接套用在其他各個文明**。只是機制的名稱會因地形、氣候和時代而不同。接下來要講的漢摩拉比王和他的統治體制也不例外。因此,我才會先講這個源

遠流長的歷史理論作為鋪陳，以便介紹他的統治時代。」

「蘇美人好厲害，他們到底是什麼樣的人啊？」

「其實，目前還不清楚他們的民族系統，也不知道他們從哪裡來，是一群非常神祕的人。」

「好有古代的浪漫情懷喔。」

「那你一定要多學一點喔。

在美索不達米亞，除了蘇美人以外，還有各種民族入侵、王朝興衰，從西元前3000年開始，蘇美人的勢力維持了長達1000年。大約在西元前2000年以後，閃語族占了優勢。而亞摩利人等勢力遍地崛起，雙方發生了抗爭。

亞摩利人建立的巴比倫第一王朝，就是漢摩拉比的王國。」

 ## 4 漢摩拉比王的一生

「漢摩拉比王終於登場了。可是在亞摩利人之前的那個……閃語族，是什麼啊？」

「這是以語言來分類的語系民族。現在的阿拉伯人就是屬於閃語系民族。亞摩利人的活動據點就在巴比倫。

亞摩利人在巴比倫第一王朝的時期拓展勢力，在西元前1800年左右，就已經強大到媲美周邊的列強都市。

西元前1792年，第六代國王漢摩拉比立刻發動征服戰爭。不過，這已經是年代非常久遠的事，並沒有多少史料可以參考。只能從當時書記官的書信、周邊各國的遺跡和碑文，來判斷王國的狀況。

根據這些文物，漢摩拉比靠著與鄰近各國結盟而逐漸嶄露頭角，陸續消滅了美索不達米亞南部的王朝。請你看地圖（圖1-3），確認一下他究竟征服了哪些地方。」

圖1-3　漢摩拉比王的征服領域

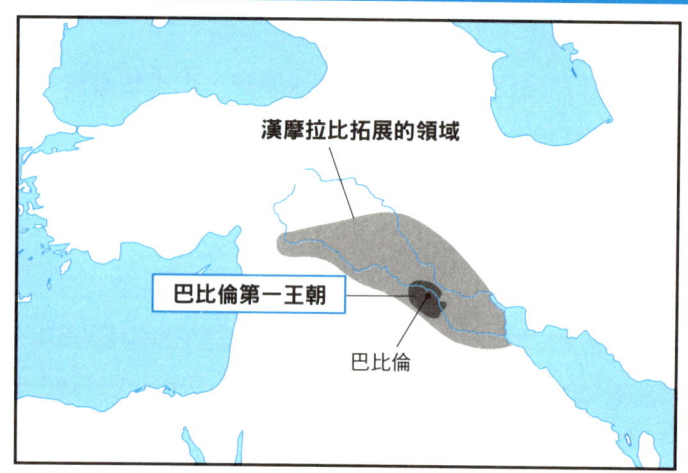

「課本上的地圖都標示太多資訊了，讓人看不太懂呢。其實只要知道大概就好了吧。」

「對，沒有錯。

我們來大致了解一下亞摩利人的擴張範圍吧。

巴比倫第一王朝在西元前1759年征服了北部的亞述後，終於統一了美索不達米亞。**原本是個小國的巴比倫，將整個美索不達米亞收為己有**。

統治美索不達米亞的廣大疆域，就意味著要按照政治的原理來集約和分配財富，所以王國必須向巴比倫以外的亞摩利人居住地，以及向其他民族課稅。而在擁有許多民族的王朝國家，社會活動和商業發展必定會產生許多糾紛。統一王朝勢必要面對比統一前更多的問題。」

「當國家變大以後，就會發生新的問題啊。」

「如果不改變原理的話，就會應接不暇呢。

於是漢摩拉比**整頓了官僚體制**。官僚就是指徵稅官。他派出了擅長讀寫文字的菁英到各個地區，以便實施統一的財富集約制度。要是

各地的稅金徵收與分配出現差異，不滿的民眾可能就會群起反抗。君主的使命，就是要防患於未然。」

「說到官僚，現代日本也有官僚體制吧，那兩者體系的本質是一樣的嗎？」

「問得好……！你說的沒錯，**官僚的工作就是向我們課稅，再依照法律分配給全民**。這個原則至今完全沒有改變喔。

美索不達米亞是以農耕生產為基礎的地區，所以漢摩拉比整頓、運用了灌溉設施。豐富的農產可以穩定人民的生活，國家才能徵收到充足的稅金。這也是依循世界史理論的政策。」

「這代表漢摩拉比的行政方法都有記錄下來吧。那是怎麼知道他的生平和人品的呢？」

「漢摩拉比的一生，可以透過他寄給各地首長和官僚之間的書信來回顧喔。」

「那種東西居然留下來了啊。」

「文字就是會在不知不覺中保留很久呢。小羊，我們一定要小心不能留下什麼奇怪的東西喔。

漢摩拉比會幫商人協調糾紛，下達詳細的指令來矯正官僚的違法行為。美索不達米亞的傳統，認為維護社會正義和保護社會弱勢，是為政者不可或缺的資質。從國王無微不至的執政，可以看出他為了社會安定費盡了心血。

漢摩拉比法典就是最好的體現。」

5 法典的意義及其後續

「漢摩拉比法典是1901年在伊朗西部發現的碑文。它的高度約2公尺，體積相當大，材質是玄武岩，頂部有主司正義的太陽神，將權杖和繩索賜予漢摩拉比的圖像浮雕。這就是神權政治的典型範例。

法典是用楔形文字寫成，前半記載了受到眾神信任的漢摩拉比會實現社會正義云云，後半則是法令的條文。

內容大致可以分成刑法和民法，例如『以眼還眼、以牙還牙』就屬於刑法。小羊，你知道為什麼要有刑法嗎。」

「為了要處罰做壞事的人？」

「那怎樣算是壞事呢？」

「唔，壞事就是⋯⋯對人使用暴力之類的⋯⋯不對，是指破壞社會體制的事情嗎？」

「對，你說的一點也沒錯。我們一般人認為的壞事，通常是以道德為出發點，但是在世界史，要從維持國家體制的觀點出發。

如果要維持體制，就必須遵守秩序。從古至今不管是哪個地方，都會出現危害安全的人，所以需要刑罰來制裁這些惡棍。不允許動用無視法律的私刑。

要是容忍個人血債血償，社會可能就會變得一團混亂了。所以國家才會建立制裁加害者的制度。當統一國家涵蓋了其他民族，刑法就會更加重要。」

「我明白了，要是我念課本時，不懂為什麼要有這種制度和法律時⋯⋯**只要解釋成是為了維持國家體制！那就不太會有錯了**對吧。」

「你發現重點了呢，只要掌握這一點，很多事情都能馬上理解了。

而我們需要注意的是民法。它也可以說是與經濟有關的規範。在巴比倫第一王朝統一以前，美索不達米亞分裂成很多勢力。

「在這個時期,並沒有由國家主導的嚴格生產管理,所以私人的經濟活動反而很盛行,物品交易都是由個人進行。而且,美索不達米亞因為有形形色色的民族進駐,社會變得多元化,於是土地持有和商業買賣需要有共同的規範。」

「就是說啊,要是大家都用各地的地區特性和慣例來做生意,那肯定會吵起來吧。像是『一根木材要用10公斤馬鈴薯才能換啊! 這是我們的行情!』之類的。」

「當時的歐亞大陸還沒有馬鈴薯啦……不過就是你說的那樣。

漢摩拉比王整合了民法的內容,統一每個城市和地區的商業交易規範,例如多少小麥可以交換多少黑曜石,都有嚴格的規定,還明文規定要如何監督高所得者、保障低所得者,如何重新分配財富。民法的條文占了很多篇幅,明確展現出國王的施政方針。」

「**訂立明確的法律,國家統治才會順利**啊。」

「在美索不達米亞興起的古文明,說是在漢摩拉比王在位期間集大成也不誇張。所有政策都考慮到國家體制的維持,謹慎又大膽地實行。為政者如何集約、分配財富,這種拿捏分寸的工作非常細膩困難。這在現代社會也是同理吧。就算只能參照僅有的史料,也能充分體會到漢摩拉比王有多麼能幹偉大。

國王駕崩後,蘇美各個城市紛紛叛變,來自北方的印歐語系民族入侵,導致國力衰退。以用鐵聞名的西臺人占領了巴比倫,王國就此滅亡。之後美索不達米亞再次陷入混沌時代。」

「**從漢摩拉比王身上可以了解很多學習歷史所需的理論**呢。」

「沒有錯。

即使後來美索不達米亞又分裂了,巴比倫第一王朝實施的各種法

律、慣例都沿用至各地。姑且不論歷史上的其他偉人是否成功執行，至少他們都為了維持國家體制煞費苦心、絞盡腦汁且勇於實行。」

「總覺得『以眼還眼、以牙還牙』這句名言，道盡了漢摩拉比的一切。」

第1章 古代

亞歷山大大帝

遠征東方、擴張希臘世界!

方向指標

- 認識希臘世界的亂象
- 了解馬其頓如何崛起
- 亞歷山大大帝東征最遠到達哪裡

「這次要講的是亞歷山大大帝,聽眾是海豚。」

「麻煩鴿老師了。我當然知道亞歷山大大帝啊,他很有名欸。」

「可是海豚我問你,如果是沒有學過世界史的人,聽到亞歷山大大帝會想到什麼呢?」

「我學過世界史,所以對亞歷山大大帝算是有一點認識,這個嘛,如果只是聽過他大名的人,應該不知道他活在『什麼時代』、是『哪裡』的人吧。」

「沒錯!因為不知道他是什麼時代、哪裡的人,所以才搞不清楚狀況吧。」

這次我們就從時間和地點,來認識亞歷山大大帝吧。」

圖1-4　亞歷山大東征

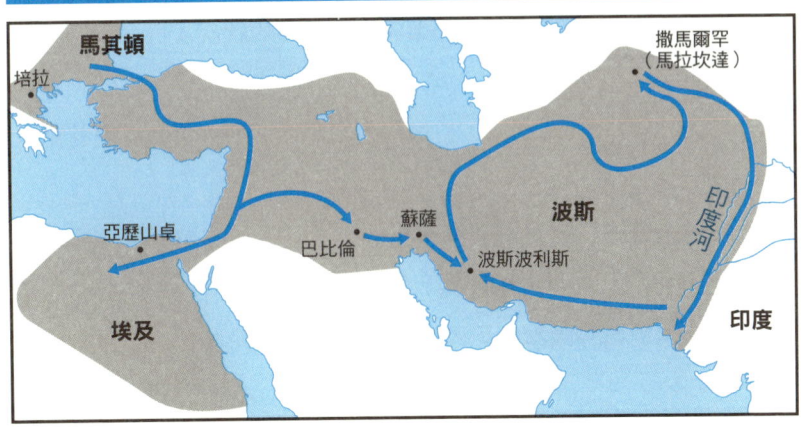

25

1 馬其頓的亞歷山大

「海豚，你知道亞歷山大是哪裡人嗎？」

「他是**馬其頓國王**。馬其頓是位於巴爾幹半島的國家……統治範圍是現在的希臘北部到北馬其頓一帶吧。」

「講得很好喔，他就是馬其頓的君主。那他是什麼時期的人呢？」

「亞歷山大是在**西元前334年發起東征**，所以是距今2300年前以上的人。我最近才寫過這方面的習題，所以記得很清楚。西元前4世紀是很久以前呢。」

「學世界史，練習寫習題就是一切！它是需要復習的科目，要盡量練習喔。亞歷山大活躍的時期，相當於日本的繩文時代末期，那個時候他已經很活躍了。

剛才海豚你提到東征對吧。亞歷山大發起東征，是從伊朗到中亞，最終征服到印度，但確切了解他這些豐功偉業的人卻比想像中的少呢。」

「因為大家都只對他的名字有印象嘛。」

「唔……簡單來說就是這樣沒錯。

不過要認識亞歷山大，就必須先了解當時的狀況才行。我們就先來看看馬其頓這個國家吧。

馬其頓是希臘人的國家，但是跟大家想像中的古希臘國家有點不一樣。」

「**說到古希臘，就是城邦國家**對吧。像是雅典的帕德嫩神廟之類的，難道馬其頓不是城邦國家嗎？」

「與其說是城邦國家，正確來說是統治巴爾幹半島北部農耕地帶的領域國家。

馬其頓在西元前4世紀擴大了勢力，剛好就在這個時期，希臘的

城邦社會逐漸式微。」

「因為內戰對吧。」

「**古希臘打贏了波希戰爭後，勢力極為鼎盛**。城邦國家合力擊敗了東方的波斯帝國阿契美尼德王朝。

但是，從此以後，以雅典和斯巴達為中心的**城邦國家之間卻內戰不斷，才導致整個社會逐漸衰敗**。」

～～～～～～～～～～～～～～～～～～～～～～～～～～

「城邦之間的關係不好嗎？」

「那當然是不好了。巴爾幹半島南部的土地狹小，人民需要互相爭奪農耕生產，所以城邦之間一直爆發紛爭。因此，他們才會傳述相同的神話和史詩、合作避免糾紛，這就叫作**近鄰同盟**。」

「出現了波斯這個共同的敵人，所以他們才在波希戰爭暫時聯手，不過後來故態復萌，又再度吵起來了吧。」

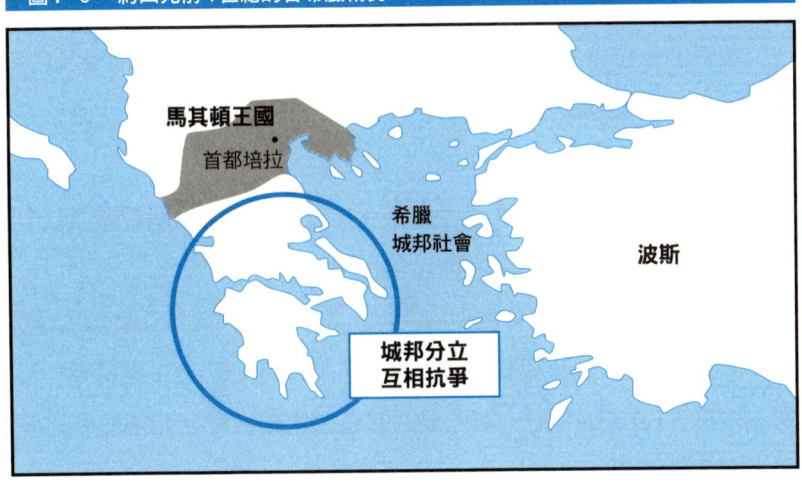

圖1-5　約西元前4世紀的古希臘情勢

「這對馬其頓來說是天賜良機。馬其頓以半島北部的穀倉地帶為腹地，扎實地擴張領土。畢竟農耕生產才是最重要的。**馬其頓國王腓力二世進軍動盪的希臘，在西元前338年終於征服了各個城邦**。」

「他是亞歷山大的爸爸啊。」

「他在喀羅尼亞戰役中擊破城邦聯軍，不過當時剛滿18歲的年輕亞歷山大也參戰，帶領騎兵宛如鬼神般橫掃千軍。」

2 亞歷山大的家庭背景

「腓力二世是個偉大的君主。他整頓了官僚體制，穩定王國的稅收，並引進希臘最先進的流行戰術，大幅強化了軍事力量。腓力二世非常擅長操控人心，有時排除反抗勢力，有時又將他們徹底消滅，能夠以絕佳的分寸操縱充斥在王宮裡的各種算計。」

「這是名君必備的技能呢。」

「因此，馬其頓王國迅速擴張了領土，腓力二世成為希臘世界的領導者。聲名遠播到連位在遙遠東方的波斯帝國都時有所聞。

腓力二世想要效仿希臘神話裡的特洛伊戰爭、前進亞細亞的英雄冒險奇譚，懷抱著馬其頓征服波斯的夢想。」

「有這樣的父親，亞歷山大的心情應該很複雜吧。」

「就是說啊，亞歷山大出生後一直都看著父親這樣的身影長大，或許內心有著憧憬又嫉妒的複雜感情也說不定。」

「亞歷山大的母親是什麼樣的人呢？」

「他的母親奧林匹亞絲來自巴爾幹半島西部，腓力二世對他一見傾心，就娶她作為王妃。她也是個充滿祕密的人物，相傳她在就寢時，總是有大蛇同床共枕。」

「大蛇……唔，我覺得這就有點誇張了。」

「據說她其實憎恨征服了她祖國的腓力二世，不過愛恨本來就是一體兩面，如今也無從得知她真正的心意了。」

「不過有一點可以確定，奧林匹亞絲非常溺愛亞歷山大，或許可以說是她對兒子寄予厚望吧。她經常掛在嘴邊的話就是『你要成為像海力克斯一樣的希臘英雄』。」

「從小就一直被灌輸這種思想，似乎不是很好的教育方式啊。」

「不過，亞歷山大還是長成了一位聰明伶俐的青年。」

「亞歷山大年滿13歲後，就讀首都近郊的學校。這所學校是專門培育君主素養和品格的教育機構，連大哲學家亞里斯多德，也任教於這所學校。亞里斯多德的精髓就是將所有學問建立成體系，所以他如何彙整事物、如何為事物建立關聯，掌握大致的框架同時又能仔細追尋的思考方法，對亞歷山大影響深遠。」

「有亞里斯多德當老師啊，實在有夠奢侈欸！」

「為了經營管理國家這個龐大的組織，需要學會有體系的事物理解方法，所以在後來建立起大帝國的**亞歷山大，其根基就潛藏著亞里斯多德的思想**也說不定。

「總之，他除了帝王學以外，還精通希臘人的教養，當時的同學也都成為後來他遠征東方時，輔佐大帝的忠心將軍。」

「雖然他的父母有點那個，但幸好朋友還不錯。」

「學校環境也跟家庭環境一樣重要呢。」

③ 開始遠征東方

「西元前336年，**腓力二世遭到暗殺**。」

「出大事了啊，犯人是誰？」

「他被近衛官刺殺身亡，雖然主流說法是奧林匹亞絲在背地裡指使，不過相傳亞歷山大也牽涉其中，因此關於這件事情的真相至今仍是一團謎⋯⋯

於是，**亞歷山大20歲就即位成為馬其頓國王**了。」

「所以，他就開始遠征東方了吧。」

「這是發生在西元前334年，他為了實現父親征服波斯的夙願，以及由希臘統治波斯，就果敢實行了這項舉國動員的大計畫。

根據歷史的理論，國家勢必會發生擴張運動。因為國家這個機制，就是會不斷擴大自身國家的利益。政治的原理是集約、分配財富，所以統治領域愈大，中央政府就能徵集到愈多財富，領導者獲得的好處會更多。這已經可以說是智人的本能了吧。」

「我小時候看的漫畫裡，反派全部都在計劃征服世界，我一直很疑惑為什麼他們就這麼想征服世界啊？不過現在我好像懂了。」

「馬其頓的氣勢銳不可擋，一路攻進波斯帝國阿契美尼德王朝，多次擊敗國王大流士三世領導的波斯軍隊。亞歷山大進軍首都波斯波利斯，放火燒燬了整座城。波斯滅亡後，他又進軍伊朗高原、中亞到印度河上游，**最終攻抵能夠放眼印度的地方**。」

4 東征的尾聲

「亞歷山大會配合他所征服的土地進行統治。比方說，他在埃及自稱為法老、實施寬容的統治；在伊朗任命波斯總督，由總督代理統治。但是，在他放火燒了波斯波利斯後，情況就改變了。

父王，或者該說是希臘世界的夙願，應該只是征服波斯而已。但在這之後繼續進軍印度，無疑就是亞歷山大個人發起的戰爭了。

他的這股衝動，在希臘語稱作『pathos』，而這股熱情只投注在印度上。」

「將領土擴張到印度後獲取的財富，和魯莽的軍事行動造成的損失放在天秤的兩端，就會知道哪邊更合理了，我想亞歷山大應該不會不懂這個道理……」

「追根究底，他火燒波斯波利斯的行為，也激怒了波斯人。感覺他有點無法克制自己。」

「為什麼他會這麼失控啊？」

「**可能是因為亞歷山大還太年輕了**吧。30歲的大帝佇立在能夠俯瞰遼闊印度的山頂上，不知是在追尋父親的幻影，抑或是無法擺脫母親的魔咒。

他的目光始終朝向印度。不熟悉的氣候，不充足的兵糧，永不放棄抵抗的原住民，讓他麾下的將兵筋疲力盡。**國王的熱情與士兵的心思之間產生了無法填補的裂痕。**

亞歷山大在部下百般懇求下才率軍折返。他們離開馬其頓已經八年，長達兩萬公里的遠征，所以將兵的要求也是情非得已。回程的行軍彷彿就像是反映了他的挫折和失落般，路途十分坎坷。當他們回到波斯的舊首都蘇薩時，已經折損了許多將兵。

之後，年輕的大帝原本計劃了更宏大的遠征，卻在巴比倫突然染

上熱病。不知道亞歷山大在朦朧的意識中，究竟在想些什麼呢。西元前323年，他安祥地逝世，享年32歲又11個月。」

5 亞歷山大大帝的目的

「那之後馬其頓怎麼樣了？」

「亞歷山大去世後，馬其頓發生繼位之爭，導致帝國分裂，不過**希臘世界因為東征而拓展到遙遠東方的印度北部**。這個時期就稱作希臘化時代。世界主義的風潮席卷各地，邁向東方與西方的技術、思想融合而成的新時代。這就是大帝對後世的影響。」

「可是，這應該不是亞歷山大的初衷吧。」

「他是古希臘的體現者，也是個受到父母制約的青年。

就像海豚你所說的，之後的世界變成什麼樣子，對他來說或許一點意義也沒有。

歷史只要按照一定的規律，就能預見一定的結果。當然會因地區、氣候的影響條件而異，不過只要掌握幾個基本原理，就足以說明絕大多數的現象。

但是，要是把眾人的理想過度投射在一個人身上，而制約他人的念頭過於強烈的話，歷史偶爾就會展現出超乎預期的動向。**亞歷山大的東征就是世界史上最超乎常規的現象**之一。」

「嗯，總覺得他的一生是個浩大，卻又非常私人的故事呢。」

第 1 章 古代

悉達多・喬達摩

開悟的佛教創始人！

方向指標

- 了解婆羅門教的腐敗結構
- 了解奧義書哲學的發展
- 佛教是如何傳播的

「這次要講的是佛教的創始人佛陀。他的本名是悉達多・喬達摩。小羊，你對佛陀有什麼印象？」

「他是偉人！」

「呃……說的沒錯，那偉人的定義是什麼？」

「嗯，我沒想過欸。怎樣才叫作偉大啊，社會地位很高嗎？」

「假如定義是社會地位很高的話，佛陀原本是釋迦族的王子，但他最後放棄了這個身分喔。」

「偉大的定義啊……例如對後世有很大的影響之類的，這個定義怎樣？」

「不錯喔。雖然要看是造成什麼影響，不過佛陀的影響確實很大。無論如何，經常思考言語的定義是非常重要的事喔。」

「意思是不管好的影響還是壞的影響，都要先思考所謂的好壞究竟是什麼，對吧。」

「沒錯，就是這樣！」

「雖然大家都聽過佛陀，但卻不太認識他，這次我們就來了解悉達多・喬達摩的生平背景。」

 1 南亞與印度河流域文明

「是說小羊啊，印度的國土是什麼形狀呢？」

33

「形狀!?呃,是倒三角形吧,感覺像是黏在歐亞大陸下面。這跟佛陀有什麼關係?」

「**地形、氣候都跟歷史有密切的關聯**。只要了解印度的地理,就能更深入理解佛陀喔。

以印度為中心的南亞世界,北部有群山環繞。喜馬拉雅山和興都庫什山脈層巒疊嶂,中央座落著有『世界屋脊』之稱的帕米爾高原。半島的部分伸向大海,南部是廣大的德干高原。從地圖看大概就像這樣(圖1-6)。

西邊有印度河,東邊有恆河。這裡的土壤肥沃,適合農業發展。」

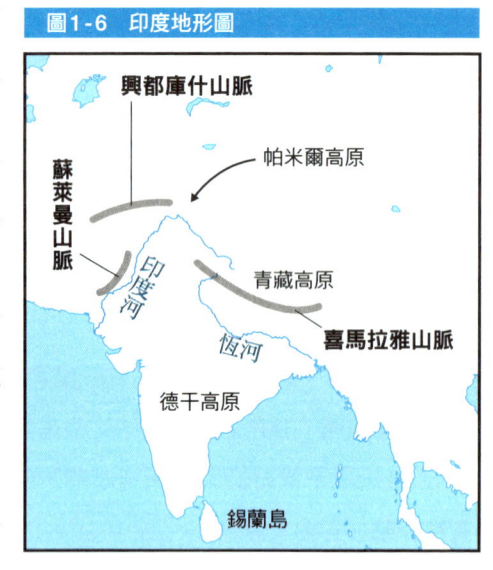
圖1-6　印度地形圖

「要是發展出農業,確實管理好財富的集約和分配,就能孕育出文明吧。」

「關於這部分的討論相當複雜,不過農業這個產業型態確實會推動文明社會,**印度河流域文明就是在此時出現**。小羊,你還記得學世界史要先確認什麼嗎?」

「**地點和時代**！印度河流域文明顧名思義,地點就是在印度河流域,至於時代嘛……課本上是寫西元前2600年到前1800年。」

「嗯？可是這跟佛陀生存的時代完全不一樣啊？」

「你這個查資料的習慣非常好呢,我要向你看齊。

佛陀是西元前5世紀的人,這個文明比他還要早很久呢。不過,我們還是先從歷史背景來探索吧。

「印度河流域文明的遺跡，廣泛分布於印度河上游到下游的流域，包含磚造房屋和大眾浴場等等，是根據高度的都市計畫建造城鎮。但是並沒有發現誇耀龐大王權的宮殿和陵墓。」

　　「這代表當時沒有王權吧。」

　　「只是沒有找到明顯的痕跡而已，不能就此定論，但是古文明大多會賦予君主強大的權力，所以顯得**印度河流域文明有點奇特**呢。雖然他們會使用印度河文字，但這些刻在印章上的文字無法解讀，所以目前還無法得知詳情。」

 ## ❷ 雅利安人入侵與婆羅門教

　　「印度河流域文明沒落後，**雅利安人**從印度北部的開伯爾山口**南下**。他們屬於印歐語系民族。」

　　「是雅利安人讓印度河流域文明沒落的嗎？」

　　「有可能是，也有可能不是。總之印度河流域文明的沒落，跟他們進入南亞是同時發生，都在西元前1500年左右。」

　　「雅利安人征服了印度河流域的原住民達羅毗荼人，在西元前1000年將居住範圍拓展到恆河下游流域。」

　　「雅利安人原本是遊牧民族，但是在接觸印度原住民、不斷與對方衝突的過程

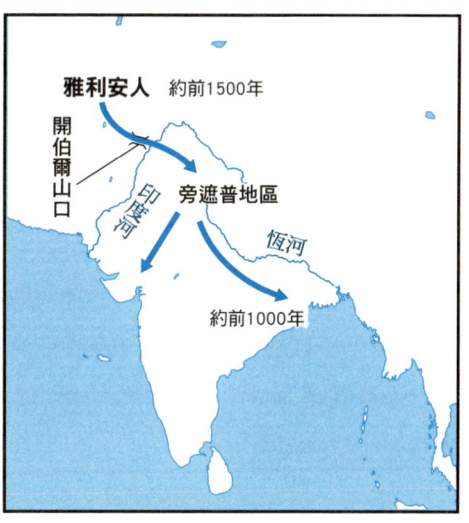

圖1-7　雅利安人入侵

35

中，就學會農耕並定居下來。他們使喚原住民達羅毗荼人從事生產勞動，於是階級就逐漸顯現出來了。」

「這就是階層結構啊。階級社會的色彩變得愈來愈濃厚了。」

「這就叫作瓦爾那制度，由上而下的階級依序是婆羅門、剎帝利、吠舍、首陀羅。婆羅門是祭司、神職人員，剎帝利是戰士、貴族，吠舍是商人等一般大眾，以上階層都是雅利安人。首陀羅是從事農業和畜牧的奴僕，即達羅毗荼人。再下一個階層是賤民。後來，階層因地區和職業而分得更細，就形成了種姓制度。」

「那麼早以前就有種姓制度了啊。」

「嚴格的階層制度，可以讓國家的徵稅和分配工作更順暢。婆羅門為了保有自身的階層，會用歌頌神明的教典吠陀來執行祭祀儀式。於是婆羅門教因應而生。」

「原來舉行儀式和祭祀可以維持婆羅門的權威啊。總覺得就像開學典禮上，根本不知道是誰的大人物一個接一個上台講話一樣。」

「大概是吧⋯⋯

儀式可是個收集財富的好機制喔。民眾會捐獻以求回報。因此，從西元前1000年開始歷經數百年，這些婆羅門陷入了祭祀至上主義。上級階層變得保守，這種現象就可以叫作政治的腐敗。」

 3 腐敗的結構與改革運動

「那大眾對婆羅門的腐敗有什麼反應呢？」

「當階層結構僵化時，歷史就會開始轉動。

不論在哪個時代，舉辦儀式活動都能賺不少錢。於是，人民對腐敗發起了抗爭運動。」

「嗯嗯，抗爭運動的結構就是建立在對上級階層的反抗啊。那可

以直接當作革命來看待嗎。」

「這個嘛，**在世界史中學到的革命和改革運動，大多都是源自這個局面**。」

婆羅門教內部出現了『奧義書』，也就是哲學思想的改革運動。奧義書帶動了重視內在省思，更勝於透過祭祀儀式獲得果報的風潮。這種哲學格外重視的思想稱作梵我一如，主張作為萬物根源的梵，與作為個體本質的我屬於一體。只要能夠認識這個同一性，就可以脫離輪迴轉世。」

「？？？這是什麼咒語嗎。」

「聽起來很像咒語吧……簡單來說，就是探索自己的內在、藉此擺脫痛苦的輪迴。如果再講得更白一點，那就是不需要儀式啦！」

「是指不必參加祭祀也沒關係嗎。」

「你聽過修行這個詞吧。意思就是只要修行就能解脫，根本不需要那麼拘謹的儀式。

就這樣，**婆羅門教內部推動了改革運動**。而依照這個發展，就算出現新的宗教也不奇怪吧。佛教的起源就是出自這個脈絡。」

4 悉達多・喬達摩的一生

「什麼時候佛陀才會出現啊？」

「就是現在！」

悉達多・喬達摩的生卒年有各家說法，大約是西元前563年到前483年，或是前463年到前383年。雖說差100年未免也差太多，但這是因為考據的佛典記述不同的緣故。把他當作是大約西元前500年的人物就好。

他出生於尼泊爾的喜馬拉雅山區，是**釋迦族的王子**。他的其中一

37

個尊稱釋迦牟尼，意思就是釋迦族的聖人。他出身於王室，也結婚娶妻，日子過得十分愜意。」

「原來是有錢人啊。他這麼有錢還創立佛教喔？」

「世界史上多的是這種例子啊。好比說創立伊斯蘭教的穆罕默德也是一名商人貴族，可能是因為生活有餘裕才能思考各種事情吧。

喬達摩在 29 歲那一年，見證了人類的老‧病‧死，體會到生命無常，便拋棄妻子、地位和財產出家修行。」

「拋棄一切去修行了啊。為什麼他會變成這個樣子呢？」

「有個叫四門出遊的故事，喬達摩走到王城的東門看見老人，在南門看見病人，在西門看見死人，感慨『眾生都會受到衰老、病痛、死亡的折磨』，最後他在北門親眼目睹一名修行者拋下煩惱且淨身純粹的身影，便下定決心出家。或許在這之前，他就已經思考過人的生死觀了吧。

他經歷了六年刻苦修行後，在菩提伽耶的一棵菩提樹下坐禪冥想了好幾日，最終獲得真理而解脫、**成功悟道**。順便一提，佛陀（Buddha）就是覺悟的意思。」

「唔，不苦行那麼久就沒辦法得到真理啊。於是喬達摩的思想就這樣傳播出去，建立了教團嗎。」

「沒錯。喬達摩是親自去到處傳教。許多弟子拜在他門下，形成修行者群體、建立了教團。他的教誨大致來說，就體現在代表四個真理的四諦，以及代表八種正確生活方法的八正道。而最根本的精神是中庸之道，主張人不需要極端的苦修和快樂，提倡要努力淨化日常生活。算是很均衡的想法呢。

直到他 80 歲逝世以前的這 45 年間，他都一直致力於四處遊歷和傳教。」

5 佛教的任務

「佛教的誕生背景,就是婆羅門教的改革運動對吧。」

「對。這個時期除了佛教以外,耆那教等新興宗教也在各地誕生,這可以說是歷史的必然吧。

佛教不僅吸引了與喬達摩的出身相同身分的剎帝利皈依,還獲得許多商人階層的吠舍贊同。當時剎帝利正在尋求新的統治體制來取代婆羅門的治理,吠舍也因為商業活動的興盛而渴望階層之間有活絡的交流。」

「這**也是政治和社會的問題**呢。」

「婆羅門導致階層結構僵化,對他們來說是很嚴重的狀況。」

「那後來佛教怎麼樣了呢?」

「當時的印度處於小國林立的政治混沌狀態,西元前317年,孔雀王朝幾乎統一了全印度。王朝全盛期統治了有現代日本十倍大的疆域,可見這是個驚人的大工程。要在遼闊的國土有效率地收集和分配財富,就必須要有周全的機制才行。因此,孔雀王朝全盛期的**阿育王就利用佛教來統治國家。**」

「政治與宗教掛勾啊……」

「古代印度哲學有個普遍的倫理規範叫作『法(達摩)』。國王根據這個理念,要求大眾過著規律的生活。**只要大家守規矩、勤納稅,國家的運作就會非常順利**對吧。」

阿育王在征服周邊各國時,看到堆積如山的屍體,深感懊悔,於是才皈依佛教。他的內心肯定也做了宗教的內省,不過同時他也保護佛教,以便用於統治。

他重新編纂了零散的經典、集結成佛典。此外,他還派兒子去錫蘭島(斯里蘭卡)傳教,不過佛教隨著季風貿易活動傳播到了東南亞

39

的大陸地區,就成了泰國和緬甸信仰的上座部佛教(南傳佛教)。」

「佛教也傳到日本了對吧?」

「佛教是從中國經過朝鮮半島傳入日本,那時大約是6世紀。日本自古以來就有根深蒂固的多神教信仰,所以佛教剛開始傳教並不順利,不過在推古天皇皈依佛教後,聖德太子頒布十七條憲法、提倡『篤敬三寶』。這部法典是對官僚和貴族的訓示,但也運用佛教思想來治理中間身分的人民,以便施政,這就是日本曾將佛教用於統治國家的證據。後來,**佛教與神社崇拜互相調和並逐漸在日本扎根**。而中國、朝鮮和日本信仰的佛教,就稱作大乘佛教(北傳佛教)。」

圖1-8 北傳佛教與南傳佛教

「老師,可是印度現在信仰的是印度教欸。所以佛教在印度是沒落了嗎?」

「印度在4世紀建立了笈多王朝,印度教在那個時期逐漸普及後,佛教遭到排擠才會式微。不過,佛教至今仍是東南亞和東亞大多數人口信仰的宗教。悉達多・喬達摩宣揚的教誨,在印度內部分裂成各個教團並傳播到各地後,與各個地方的在地信仰調整並融合,發展出獨立的特色。」

「我懂了，意思就是**佛教的教誨至今還是深植在印度**對吧。

如果悉達多‧喬達摩在現代復活，前往奈良的東大寺的話，搞不好會覺得教誨跟他當初提倡的差太多而嚇到跌倒吧。了解佛陀的背景和影響後，我開始想了解更多他的生平事蹟了。」

第1章 古代

凱撒

羅馬共和國的英雄！

方向指標

- 確認古羅馬的政治體系
- 凱撒征服了哪些地區
- 了解凱撒遇刺的理由

「這次要講的是凱撒，聽眾是海豚。」

「我在課堂上學過凱撒，他是羅馬共和國末期的人物對吧。可是我不太清楚凱撒實際上的為人，他也是屬於那種只會讓人記住名字的類型吧？」

「你講得太狠了……尤利烏斯・凱撒的軼事和名言多得不勝枚舉，雖然大眾對他的評價是『不熟但感覺很厲害的人』、『羅馬英雄』、『皇帝』，但相反地，卻也完全不清楚他究竟做過什麼事呢。

世界史上的人物，**都是跟我們處在不同地方、時代的人，所以若是不知道作為背景骨幹的歷史，通常無法對人物有充分的理解。**我們就來解開古羅馬的歷史，同時了解超級有名的凱撒的一生吧！」

1 古羅馬解體

「大家都喜歡古羅馬史吧。我也有很多朋友喜歡古羅馬，總覺得那個時期的特色很鮮明。可是大致學了一遍羅馬史以後，卻總有一種搞不太清楚的感覺。」

「古羅馬是世界史上的熱門主題呢。但是，若是不具備足以綜觀整體的史觀，就會陷入搞不清楚古羅馬是什麼時期的迷霧裡。羅馬的歷史大約有1200年，用日本史來比喻的話，時間跨度是從平安時代到現代那麼長，所以古羅馬歷史的樣貌會隨著時期有很大的差異。」

「有夠長欸。」

「因此，羅馬歷史**可以分為**①**羅馬建國時期**、②**羅馬共和國時期**、③**羅馬帝國時期**，凱撒是屬於②時期的人物。」

圖1-9　羅馬政治體系圖

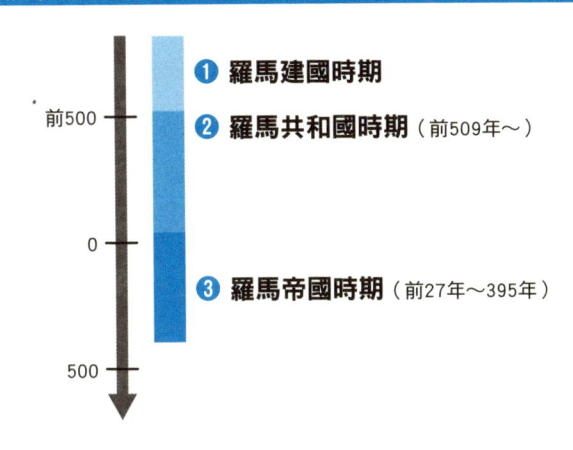

前500 ── ❶ 羅馬建國時期

❷ 羅馬共和國時期（前509年～）

0 ──

❸ 羅馬帝國時期（前27年～395年）

500 ──

羅馬建立於西元前753年。一對被遺棄在台伯河的雙胞胎兄弟由母狼餵養長大後，為了建立新的城市而發生紛爭。在這場羅慕路斯與雷穆斯的兄弟之爭中，哥哥羅慕路斯獲得了最後的勝利，於是建立了城邦國家羅馬。」

「好有神話風情喔。」

「拉丁人的國家羅馬，起初是由異族伊特拉斯坎人擔任國王，後來貴族驅逐了國王、成立共和國。這群貴族終身都是元老院議員，打造了統治平民的階層結構。」

「**從王國變成共和國**了啊，跟古希臘城邦很像呢。」

「沒錯。這個時期的羅馬還只是個小型城邦。

羅馬不斷與周邊各個城邦交戰。在古代社會，是由平民撐起一國的兵力，他們自備武器擔任重裝步兵，為保衛國家而戰。」

「當時的平民就是農民吧，身兼士兵這一點也跟希臘一模一樣

43

呢。那是不是也同樣**發生了身分鬥爭**呢。」

「對，你說中了。」

雖然是由平民負責國防，但他們並沒有參政權，**專門制定法律並施政的是元老院**。因此，平民為了爭取參政權而反抗貴族，大約在西元前400年就漸漸有更大的發言權了。

平民會議就是為了保護平民而設立的機構。領導元老院的執政官，傳統上是由兩名貴族擔任，不過後來規定其中一名需要從平民中選任。可見**平民的地位提高了**。」

「這段感覺考試會考喔。」

2 羅馬共和國的混亂

「西元前3世紀，平民會議決議的事項開始作為國家法律實施後，身分鬥爭才告一段落。貴族與平民達到法律上的平等。在這個時期統治整個義大利半島的羅馬，便計劃把領土擴張得更大。」

「那可以理解成他們在發動身分鬥爭的同時，也擴張了領土嗎？」

「可以這麼說。義大利半島的農產十分豐富，人口也增加到了某種程度，所以成功擴大成為領域國家。

這就是羅馬與希臘城邦的差異。

這次羅馬想要爭奪地中海的霸權，與北非強國古迦太基發生衝突，也就是布匿戰爭。**經過多達三次的大戰爭，羅馬大獲全勝，獲得了西西里島等行省**。這是大約發生在西元前200年的事。」

「要是不看地圖來確認『時間』和『地點』的話，就會覺得一團混亂呢。」

「看地圖很重要，要養成經常確認時期和地點的習慣。

領土擴大會導致社會體系改變，於是羅馬的政治步入了混沌期。

圖1-10　布匿戰爭後的羅馬疆域

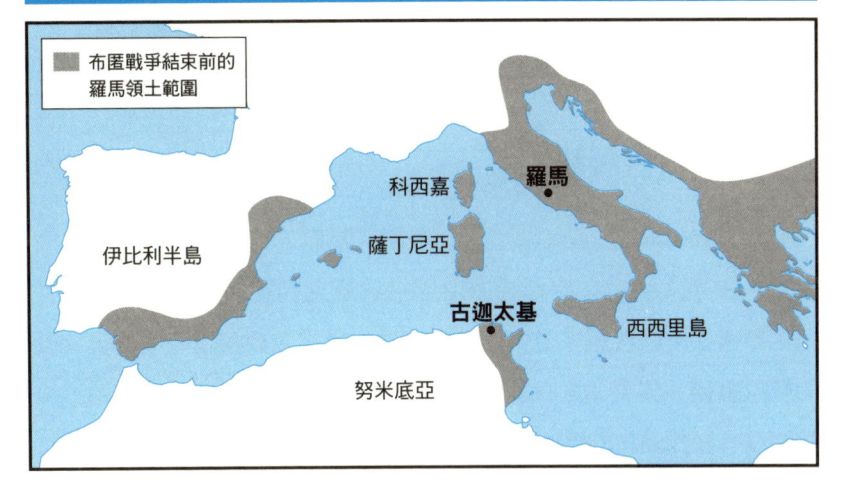

■ 布匿戰爭結束前的羅馬領土範圍

科西嘉、羅馬、薩丁尼亞、伊比利半島、古迦太基、西西里島、努米底亞

貴族和新興地主開始在行省經營大型農場後，社會因此開始動盪。」

「因為打贏戰爭擴張了領土對吧，我還以為在新的領土開墾農業對羅馬來說是好事。」

「事情並沒有那麼順利。他們奴役戰爭俘虜來開墾新農地，所以可以壓低人力成本、低價生產。但是行省產的便宜穀物流入義大利半島，會導致在義大利半島務農的中小型農民，無法跟行省生產的穀物競爭價格，因而失業沒落。」

「啊，原來如此，有好處也有壞處啊。」

「農民大多數都是平民，會武裝成步兵扛起國防。要是農民沒落，就無法維持兵力。可見**領土擴大未必會讓國家安定**。」

「難道沒有什麼對策嗎。」

「羅馬改為雇用傭兵來取代步兵制度，這種士兵又稱作私人武裝。因此，有力人士憑著自身的財力開始組建私人武裝，為了奪取政治權力而互相爭鬥，就此開啟『羅馬共和國危機』。」

「明明打贏了戰爭，卻爆發內亂啊。真是發人深省。」

45

「尤其是以元老院為權力憑據的貴族派領導者蘇拉，與憑藉平民議會勢力而崛起的馬略之間勾心鬥角，導致羅馬共和國動亂不安。」

3 凱撒崛起

「凱撒的本名是蓋烏斯‧尤利烏斯‧凱撒。他的出生年分有不同說法，不過大致是在西元前100年。貴族尤利烏斯一族雖是名門世家，不過在當時已經家道中落，而且在凱撒進入政壇當時，是貴族派的蘇拉掌權，與平民派有關聯的凱撒遭到冷落。縱使他才華洋溢，卻始終沒有嶄露頭角的機會，只能輾轉旅居各地。」

「**就算有才能，少了機運也沒辦法出頭**啊。」

「蘇拉可能認為年輕的凱撒會造成威脅，曾一度計劃要暗殺他。身邊的親信告誡他隨便殺掉這種乳臭未乾的男孩，恐怕會落人口舌，但他卻說『難道你們看不出這小子的內心暗藏了多少謀略嗎』，可見蘇拉早已察覺這名年輕人的野心。」

「關於凱撒有說不完的傳聞呢。我最喜歡的故事是他被海盜挾持時，還嘲笑海開出的贖金太少。」

「因蘇拉的部下追殺而逃往小亞細亞的凱撒，途經地中海時被海盜捉住。海盜要求20塔蘭同的贖金。據說凱撒嫌這筆錢太窮酸，還主動把金額調高到50塔蘭同。1塔蘭同大約是數千萬日圓，看來他並不想賤賣自己呢。

凱撒禿頭又有明顯凸出的腮幫子，卻非常受到女性青睞，由此可見**他是個魅力十足的獨特人物**。」

「西元前78年，蘇拉去世後，凱撒在羅馬就任要職。在共和國從

政需要討平民歡心、爭取他們的支持，因此他主辦了大規模的表演活動，還準備了宴席。」

「那時平民的地位不是很低落嗎？」

「但他們**擁有羅馬公民權**。平民透過身分鬥爭提高政治地位，也能參加平民議會的表決。雖然他們是以無產國民的身分進入羅馬，但依然擁有權利。**有力人士都會優待平民**，這種現象稱作『麵包和馬戲』，對民眾略施小惠以換取支持。

凱撒也在選舉中大肆賄賂，因此花錢如流水、背負著龐大債務，結果一籌莫展，所幸有富翁克拉蘇的支援，他才總算度過了危機。」

「還好他很會做人，或者該說是運氣好嗎。」

「可以說兩者皆是。

剛好在這個時候，有個名叫龐培的人表態反對元老院。他是蘇拉的心腹，是在遠征小亞細亞和敘利亞時立功的將軍。

要是權力集中在龐培身上就糟了。因此，凱撒和克拉蘇、龐培結盟，從西元前60年開始了前三頭同盟的統治。這三位有力人士無視元老院，合作統治羅馬。**到了這個階段，凱撒距離成為羅馬統治者只差臨門一腳。**」

4 統一天下

「前三頭同盟是分散權力以保持勢力均衡吧，但三人構成的平衡狀態不是反而比較危險嗎？」

「是啊，只要少了任何一人，就會變成單挑的局面，所以這個三頭政治很快就瓦解了。

凱撒出動遠征高盧。高盧相當於現在法國一帶。由於他握有這支遠征軍的指揮權，對他來說不僅是榮譽，也是可以憑藉強大軍事力來

47

掌握羅馬實權的大好機會。」

「老師,請問一下,世界史經常出現實權、權力之類的詞,這些全部都可以理解成軍事力量嗎?」

「這個嘛,權力有很多功能,徵稅權、立法權、官僚的任命權都包含在內,不過**這裡的權力可以定義成軍事力量**,因為只要掌握軍事力量,就能連帶動用其他權力。」

「所以掌握軍事力量,就是掌握國家大權最快的捷徑。」

「當時的高盧處於凱爾特人和日耳曼人雜居的混亂狀態,導致凱撒的征服行動困難重重。不過,經過長達7年的遠征戰爭,他終於成功統治了高盧到不列顛尼亞的廣大領土。他記錄自身遠征過程的《高盧戰記》寫得相當簡潔明瞭,至今仍是大學課堂會用於教學的拉丁語文本。」

「那老師你念過嗎?」

「我記得自己有選過課⋯⋯但實在不願意回想⋯⋯」

圖1-11 前三頭同盟時期的羅馬周邊圖

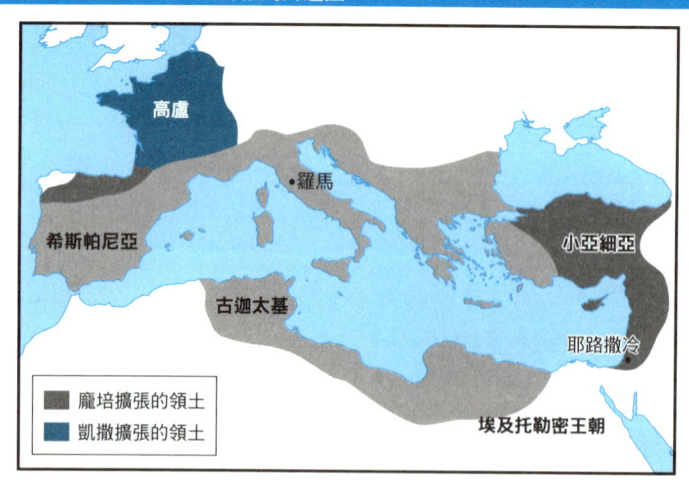

48

「在凱撒出征時，遠征伊朗的克拉蘇戰死。同時，元老院不滿凱撒擴張權力，便與龐培聯手。龐培要求凱撒立即返回羅馬，並且解除武裝。」

「是想逼他解散軍隊投降嗎。」

「**凱撒與龐培即將全面開戰。**凱撒及其麾下軍隊在高盧和義大利的邊境，來到盧比孔河。他原本應該在此解除武裝，卻下令士兵繼續進軍。」

「這就是『**骰子已經擲下！**』的典故吧。」

「凱撒重振軍心、進軍羅馬。

龐培到東方避風頭，等著迎戰凱撒，但最終在希臘戰敗、逃往埃及。當時的埃及正值托勒密王朝時代，一直處於內亂之中。於是，企圖倒戈凱撒的勢力趁機謀殺了龐培。」

「雖然成功逃亡卻遇害了呢。」

「凱撒進軍埃及的首都亞歷山卓後，與克麗奧佩脫拉結盟對付她同為君主的弟弟，聯手掌控了埃及。後來兩人結婚，她即位成為埃及女王。凱撒繼續進軍平定了小亞細亞後，送回羅馬的信件裡只寫了『我來、我見、我征服』這三個詞，展現出他已不將元老院放在眼裡的氣魄。凱撒返回羅馬後，清除了龐培的餘黨，**統一天下近在咫尺。**」

5 夢的盡頭

「凱撒在西元前46年就任為獨裁官，最終成為羅馬最高的掌權者。雖然凱撒戰功彪炳，不過他也具備出色的洞察力和執行力，說**他的本分就在於統治政策**也不為過。」

「這是說他政治手腕很高明吧。可是，怎樣叫作政治手腕高不高明呢……？」

「就是**徵稅和分配的拿捏非常精準**。這部分就完全展現一個人是否擅長政治。」

「他會將土地分配給無產國民和老兵、救濟貧民，致力於提高平民地位，在元老院任用新人才，在行省革新徵稅方法，制定都市法，擴大公民權，並推動奴隸解放。此外，他還從埃及引進太陽曆，制定了儒略曆，提高農業效率。」

「改善制度來提高效率，感覺跟法國大革命很像呢。」

「西元前44年2月，凱撒就任為終身獨裁官，還兼任軍團總司令。這個職位就叫作英白拉多（Imperator），也是皇帝（Emperor）一詞的詞源。到了這一步，凱撒已經是名符其實的羅馬最高領導者。他開始計劃要征服安息帝國，甚至要比亞歷山大大帝都未能達成的東方再更遙遠，想像自己能夠深入印度。」

「……他好像自認人生會像滿月一樣完美呢。一旦大權在握，權威好像也會一併提高……」

「就是說啊，凱撒已經逐漸神格化了。他的言行舉止儼然已經是君主。凡是重視羅馬共和國傳統的人，都會懷疑他是不是打算登基稱帝了。畢竟元老院和平民議會的歷史很悠久了，當凱撒展現出露骨的野心，這些共和主義者自然會提高警覺。

於是到了西元前44年3月，**凱撒在元老院的議場上遭到共和派襲擊刺殺**。」

「就是那個知名的『吾兒，亦有汝焉？』吧。」

「跟凱撒有關係的人也參與了這個暗殺陰謀。」

「唔，該說是樹大招風嗎。」

「凱撒死後，羅馬共和國再度動盪起來，他的下屬組成了後三頭同盟。最終屋大維奪得了實權，開創羅馬**帝國**。但因為有凱撒這個前車之鑑，屋大維和元老院、平民妥協，自稱為『第一公民』。

在羅馬帝國的前半期，皇帝、元老院、平民能夠在勢力平衡下維護羅馬的和平，實現了羅馬治世，背後都要歸功於凱撒的革新。此外，他的遠征行動將羅馬文化傳到了歐洲，可以說是塑造了西歐文化圈的基礎。」

〰〰〰〰〰〰〰〰〰〰〰〰〰〰〰〰〰〰〰

「對凱撒的認識愈多，愈覺得他難以捉摸呢。

老師，那凱撒在歷史上代表了什麼意義呢？」

「他是個野心勃勃的傑出將軍，也有穩健的政治手腕，愛護下屬，願意赦免政敵，但他也有殘酷無情的一面。」

「可是，他才正準備要成就一番事業時就被暗殺了欸。」

「所以啊，很多人讀了凱撒的書以後，都會有種受騙上當的感覺。

在看待凱撒以前，也需要同時思考歷史的波動。在共和國末期的羅馬有許多內憂外患，擴張的領土導致租稅體系變得複雜，農業系統的變化也破壞了原有的社會秩序。身分地位的差距愈來愈大，民怨日漸升溫。就在此時，凱撒作為協調者登場。**他仔細思索了羅馬膨脹的需求，以他自己的方式回饋給人民。**」

「把凱撒當作一個裝置來看，就會覺得很有趣呢。」

「然而歷史卻容不下他。從凱撒的角度來看，自己遇刺後，羅馬終究還是成了帝國，未免也太不合理了吧。」

「就是說啊，羅馬最後還是有了比國王更有權威權力的皇帝。」

「羅馬帝國後來享受了長達兩百年的和平。但是進入3世紀以後，帝國政體卻逐漸瓦解了。最後100年採取的是類似東方的專制君主制，就這樣直到4世紀末，帝國滅亡了。」

「嗯，凱撒肯定在天上大笑著欣賞羅馬的歷史發展吧。」

第1章 古代

秦始皇

史上首度統一中國，自立為皇帝！

方向指標

- 了解戰國時代的分裂與秦的崛起
- 統整秦始皇的政策
- 了解秦始皇的歷史意義

「小羊，你在做什麼？」

「我在模仿內史騰揮劍橫掃敵軍啊。老師，你不知道他是誰嗎。」

「呃……抱歉，我書念得少。」

「這次要講的是秦始皇，所以我超興奮的。」

「嗯，秦始皇在世界史上也是數一數二的超級名人，漫畫和電影裡經常出現這號人物，所以也有死忠粉絲吧。」

「好期待！可以順便問一下內史騰會出現嗎？」

「呃……不會喔。」

1 什麼是統一

「能理解就能區分。我們就**先來看一下中國的王朝吧**。小羊，你能依序說出中國的朝代嗎？」

「當然啦，我還能用唱的喔。

殷～周～春秋～戰國～秦～ 」

「然後呢？」

「呃，接著是漢～嗯……是漢嗎!?

不好意思，我不記得了。」

「其實很多人都說不出來呢。如果不清楚朝代的順序，就很難想像自己是在學哪個時代的歷史喔。」

「說的也是。」

「我們日本人學日本史的話就很輕鬆了,透過在學校上課、看電視劇,多多少少都能加深歷史背景的印象,但中國史對我們來說是外國的東西,所以**最好要區分朝代的順序和特徵,才有助於了解中國史的人物**喔。」

圖1-12　中國朝代的順序

朝代	年代	歷史大事
殷	前16世紀〜	神權政治　使用甲骨文
周	前11世紀〜	封神演義的時代
春秋戰國	前770年〜	孔子教育　秦王政統一戰爭
秦	前221年〜	秦始皇執政
漢	前202年〜	漢朝劉邦統一天下　武帝執政　東漢末期三國時代
魏晉南北朝	220年〜	遊牧民族入侵華北
隋	581年〜	煬帝執政
唐	618年〜	玄奘法師印度取經　玄宗與楊貴妃
五代十國	907年〜	短命王朝林立
宋	960年〜	王安石變法　女真人建立金朝
元	1271年〜	忽必烈統治中國
明	1368年〜	北虜南倭
清	1644年〜	康熙皇帝的全盛期　末代皇帝溥儀

「秦始皇就是活躍在秦朝吧。」

「其他中國史著名的時期,還有項羽和劉邦爭奪天下的秦漢過渡時期。三國志屬於東漢末年,以孫悟空和三藏法師聞名的西遊記是發生在唐朝,忽必烈是元朝,末代皇帝溥儀是清朝末年的人物。確實區分中國的朝代非常重要喔。」

「話說小羊啊,你知道『**統一**』**是什麼意思**嗎?」

「來、來了,是老師的『什麼意思』攻擊……!

我每次都覺得好難喔。統一啊……國家合而為一的感覺吧。」

「哦,原來是這樣啊。統一這個詞,經常默默地出現在世界史課本上呢。其他還有『統治』、『滅亡』、『和平』等大家都很清楚的詞出現。但出乎意料的是,很多人對詞語的定義都不夠澈底。

掌握定義是非常重要的素養,只要清楚了解定義,就算在課本上遇到有點艱澀的內容,也能順利理解喔。」

「老師一直說要確認定義說得我很煩,原來就是為了這個啊,我明白了。」

「很煩……

咳……總之,**統一就是指『一元化的統治』**。」

「唔,統治也需要定義呢。」

「沒錯! 統治就是收集和分配財富。如此一來,秦始皇統一中國,就是『掌握了向全中國人收集財富、加以分配的功能』。這就稱作**中央集權**。

秦朝政府向全國民眾徵稅,不過當然也會有人反抗……畢竟人民都不想納稅嘛。因此,秦始皇動用強大的軍事力量迫使人民屈服,他以駭人的武力為後盾,實行一元統治。」

「課本上也經常看到中央集權四個字,但我實在不太懂那究竟是什麼狀況。可以按照字面的意思,看作是**權力集中在中央,徵稅和分配都按照中央政府的想法執行**嗎?」

「可以喔,就是這種感覺!

而且,中央集權的對義詞是**地方分權**,這是各地的有力人士任意在當地徵稅・分配的局面。

歷史上的王朝國家都是介於中央集權和地方分權之間的型態。世界各地的社會基本上都是一樣,所以只要記住這個結構,就能提高對歷史的理解程度喔。」

2 制度化的中國史

「雖說是統一,但中國的疆域非常遼闊,秦朝的領土大概就像這種感覺(圖1-13)。雖然比現代中國的領土小,但也是日本的好幾倍大。」

圖1-13 秦朝的疆域

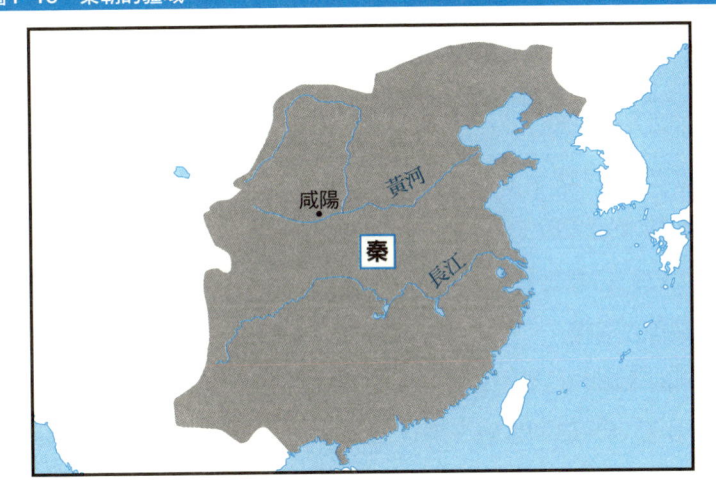

「要統一這片土地是個大工程欸。」

「小羊,你有什麼好辦法嗎?」

「嗯,那就用從漢摩拉比國王那裡學到的**神權政治怎麼樣?**讓皇帝擁有像神一樣莫大的權威。」

「不錯嘛,畢竟古代王朝大抵都採取了非常嚴厲的神權政治。

除此之外,還需要強大的統治體制來維持帝國,那就是**官僚制度**。培育官僚並派駐到各地,由他們負責地方政治,根據中央的法律來徵稅和分配。

官僚會透過書信來傳達政府的指示,藉此推動政治,所以**需要具備讀寫文字的能力**。因此,中國的官僚才會稱作『讀書人』。」

「我會讀寫文字,要是我轉生到古代中國,就是高級官僚了吧!」

「感覺真的會有漫畫這樣畫呢⋯⋯」

總而言之,中國歷史的特徵就是建立制度來運用。**透過機制和制度讓國家功能能夠順利運作**。

秦朝將領土劃分成郡和縣,整頓出高度的官僚體系,稱作**郡縣制**。這個機制跟秦始皇有密切的關聯,所以一定要牢牢記住。」

3 周與春秋戰國時代

這裡我們就來看古代中國的情況吧。中國最古老的朝代是『夏』,其次是『殷』,這是目前能夠確認到的最古老朝代,在考試用的世界史科目裡是這麼教的,而在殷滅亡之後是『周』,這個王朝奠定了中國的基礎。

開創儒家的孔子十分推崇周朝的統治制度,這就稱作**封建制度**。」

「我聽過封建制度喔。嗯,就是平常會聽到的那些內容,但是我搞不太清楚究竟在講什麼。」

「周王是地方的有力人士,也就是土地分封給諸侯,而諸侯需要履行從軍的義務。這是封建制度的前提知識。不過,考生似乎都不太能接受這些作法,才會把世界史當作莫名其妙的科目。」

「沒錯就是這樣! 我知道封建制度是因為分封土地和兵役而成立的,但根本不知道為什麼要這麼做,所以才不能接受啊。」

「當時的中國,或者說世界各地都是一樣,各個勢力不斷競爭,諸侯一直苦於應付周邊的民族,而且還要花費大筆軍事資金,又會消耗軍隊。

所以,**這群有力人士才會借助王權的庇護**。只要接受周王分封的土地,周圍的勢力就不能輕易對自己出手。因為要是這些勢力攻打諸

侯,周王可能就會出兵報復。光是聽到『周』的名號,就會嚇得發抖了吧。」

「嗯?所以他們是利用周王的權勢嗎?」

「沒錯,代價就是要服兵役。」

「用某部漫畫舉例的話,就像是有個海賊承諾加入一個名聲響亮的大海賊船長旗下,從此以後,就不會再被一些名不見經傳的小嘍囉攻擊對嗎。」

「呃……對啊,不過相反地,如果船長需要跟海軍戰鬥,他就必須出面加入戰力喔。

諸侯只要加入周朝、付出軍事力量,就能在與異族的抗爭中占上風。而在周王看來,王朝的疆域可以擴張得更大。封建制度就是彼此都有好處的雙贏制度。」

「諸侯可以隨便處置領土嗎?」

「畢竟是自治的土地嘛。只要地方諸侯確實履行義務,就可以保有領地的徵稅權,所以封建制度是地方分權式的體系。周朝原本就是各方有力人士集結而成的寬鬆聯合政體,而且周王和諸侯的子女會互相聯姻、建立血緣關係,所以這個體制就愈來愈穩固了。」

「但要是周王失去了權威,這個體制就會瓦解了吧……」

「說的沒有錯。周朝的首都被異族攻陷後,王權動盪,在西元前8世紀開啟了春秋時代。這個時候的諸侯還高呼著『幫周王驅逐蠻族!』試圖鞏固王權,繼周王之後與霸者爭鬥,這就稱作尊王攘夷。

這個狀態持續了好幾百年,結果蘊釀出『周王跟諸侯的地位似乎沒有分別』的氣氛,於是從西元前403年開始終於進入了戰國時代。**周王失去了權威,進入群雄爭奪下一任王位的混亂時代。**」

「是以下剋上的亂世呢。」

「其中最有實力的諸侯稱作戰國七雄,其中一個就是秦國。」

圖1-14　戰國七雄

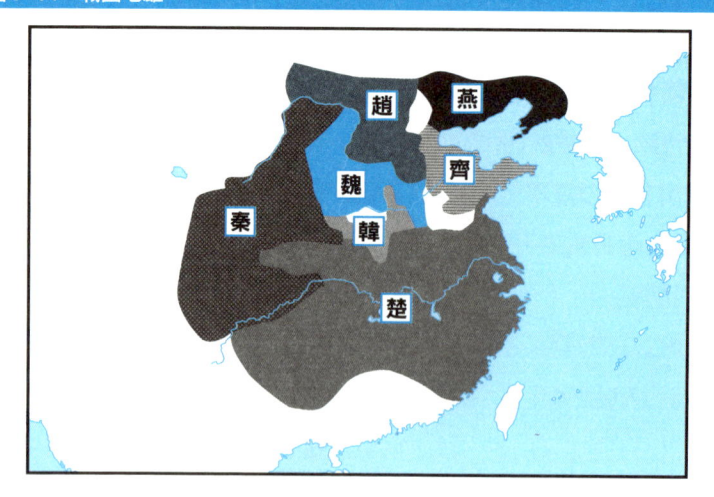

4 秦王政與統一中國

「秦始皇的名字叫作**政**。他是秦莊襄王的兒子，但被父親送到敵對的趙國當人質，從小就過著有生命危險生活。秦始皇的母后是古代大商人呂不韋的愛妾，所以也相傳呂不韋才是他的生父，但目前未能證實。」

「他的童年過往好可怕喔……」

「秦始皇在13歲即位為秦王後，鏟除了擔任宰相的呂不韋，差不多20歲就開始親政。親政的意思就是親自執政。

在這大約100年前，秦國有賢君孝公實施國內改革，依照法律統治國家。他任用了法家的商鞅，採取郡縣制。從這個時期開始**秦國的國力愈發強大**，後來交棒給秦王政。

秦王政在年輕時期受到法家思想集大成者韓非的教導影響，在掌握實權後立刻重用法家的李斯，企圖實施法治主義體制。

他不斷征服其他國家，攻陷了七雄當中的其他6國。」

「老師，我一直在想，為什麼國家都要擴張領土呢？有句話叫知足常樂吧，但總覺得他們都想到處擴張領土。」

「從社會體制的側面來看，國家就是無可避免會擴張。尤其是推行中央集權的秦國，統治領域愈大，收集到的財富也會愈多。

我們只能透過史書的記載，來想像秦王政的野心有多大。我們不知道這究竟是受到周遭人士的思緒影響，還是必須滿足擴大化國家的需求。但有一件事可以確定，**秦王政拋棄了私情，目標就是實踐法治主義**。」

「看來他是個非常冷靜睿智的人呢。」

「西元前221年，秦王政終於消滅了齊國，首度統一中國。

由於他統轄了原本諸國各自稱王的亂世，因此需要新的稱號來取代君王，那就是『**皇帝**』。他將作為天地萬物之神的上帝，與意指『光芒萬丈』的皇結合，發明了這個稱號。後代子孫將會繼承這個稱號，於是他自詡為始皇帝。」

「原來皇帝是兼具君王涵意的上位名稱啊，神格化了呢。」

「秦王政的目標是建立法治國家，為了充分發揮這個體系的功能，需要有個超越君王的存在。

他為了維持中央集權，採取了各種機制。例如整頓行政、軍事、監察等官制系統，將全國劃分成36個郡、奠定了郡縣制，統一全國的度量衡，也統一貨幣和文字。這些都是提高中央集權效能的政策。

他還巡遊全國，造訪參拜中國各地留下的三皇五帝、神話時代君主的遺跡，這都是為了彰顯皇帝的權威。此外，他也推行壯麗的宮殿阿房宮、陵墓和兵馬俑等大規模土木事業。

秦朝在南北兩方都發起軍事行動，對外政策是討伐入侵中國的蠻

族,這在國內也是**一種誇耀始皇帝軍事力量的宣傳**。另外秦始皇聽從李斯的進諫,實行了焚書坑儒。焚燒所有反對法家思想的儒家書冊、鎮壓批判強權政治的儒學者,就是他的著名事蹟對吧。」

「他做了很多事呢,光看他在國內的政策根本不行啊。」

「**這眾多政策,總的來說都是為了維持國家體制**。這就表示不僅限於中國,大概世界史上的所有王朝國家都會做同樣的事。只要記住這一點,對歷史的理解就會更上一層樓。尤其對於想利用郡縣制鞏固中央集權的秦始皇來說,維持國家體制是至高無上的命題,在這方面必須要繃緊神經才行。因為維持比建立需要耗費更多的勞力。」

5 秦始皇的目的

「晚年的秦始皇開始追求長生不老的仙丹。他在最後一次巡遊中病倒,於西元前210年49歲時駕崩。傳說是因為他服用了醫生開給他的不死妙藥水銀。」

「古今中外都一樣,只要年華老去就會渴望長生不老呢。」

「暴政會引發人民反抗。秦始皇死後,陳勝、吳廣等人舉兵起義,暴動波及了各地。就在這個時期,項羽和劉邦紛紛崛起。最後,秦始皇的血脈在西元前206年斷絕,**秦朝只統一了15年就滅亡了**。」

「好不容易統一卻這麼快就滅亡,秦始皇的心情應該很複雜吧。」

「秦始皇給人暴君、旁若無人且罪大惡極的君主印象。這是因為接下來的漢朝以後的朝代皆獨尊儒術,才對秦始皇重視法家、打壓儒家的行為做了這種評價。另一方面,秦始皇奠定的皇帝政治體系由後續的中國各個朝代繼承,直到清朝滅亡以前,延續了足足兩千年以上,所以他的作風無疑是劃時代的改革。」

「他的形象的確就是冷酷無情的暴君,不過**考慮到皇帝制度能夠**

延續那麼久，可見他影響力非同小可呢，雖然這不見得是他所追求的東西。法治主義過於極端，不會反而更凸顯自我嗎。所以他最後才會開始追求長生不老吧。」

「哦哦，小羊，你說的話很有意境喔。秦始皇沉迷於法家思想，『要重視法紀以防臣下阿諛和欺瞞』就是韓非的教誨。排除一切私情、優先遵循制度，或許真的反而會凸顯出個人主義的傾向呢。」

「我突然對秦始皇這個人產生興趣了，我要去圖書館找他的書來看看。」

第 2 章

中世紀

中世紀年表

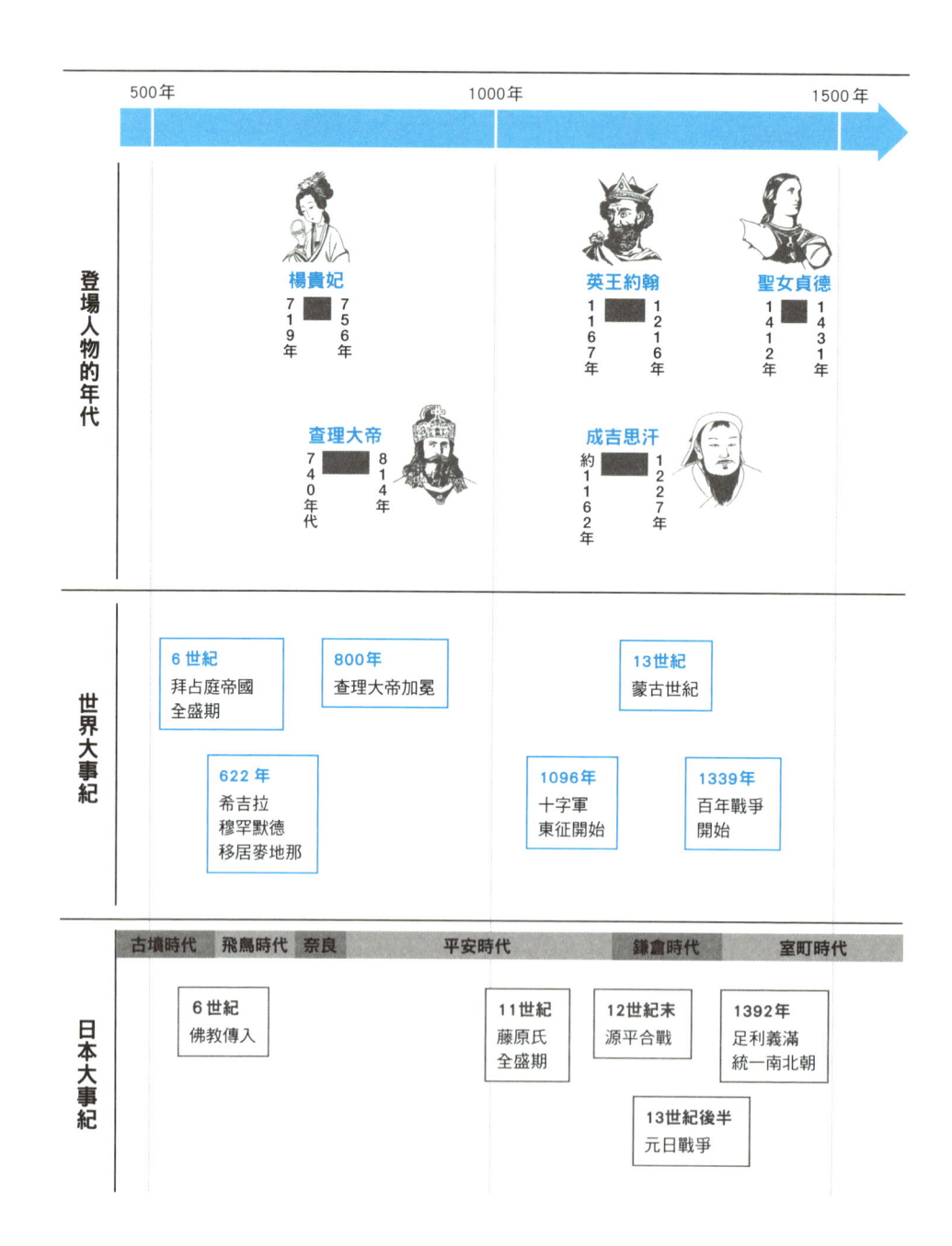

500年　　　　　　　　1000年　　　　　　　　1500年

登場人物的年代

楊貴妃 719年－756年

英王約翰 1167年－1216年

聖女貞德 1412年－1431年

查理大帝 740年代－814年

成吉思汗 約1162年－1227年

世界大事紀

- 6世紀 拜占庭帝國全盛期
- 800年 查理大帝加冕
- 13世紀 蒙古世紀
- 622年 希吉拉 穆罕默德移居麥地那
- 1096年 十字軍東征開始
- 1339年 百年戰爭開始

日本大事紀

古墳時代 ｜ 飛鳥時代 ｜ 奈良 ｜ 平安時代 ｜ 鎌倉時代 ｜ 室町時代

- 6世紀 佛教傳入
- 11世紀 藤原氏全盛期
- 12世紀末 源平合戰
- 1392年 足利義滿統一南北朝
- 13世紀後半 元日戰爭

64

第2章 中世紀

楊貴妃
令玄宗一見鍾情的傾國美女！

方向指標

- 了解為什麼中國皇帝有這麼多妃子
- 統整玄宗治世的前半與後半內容
- 楊貴妃的出現如何改變唐朝的走向

「這次我們來談楊貴妃！他是傾國傾城的美女，和克麗奧佩脫拉、小野小町併稱為世界三大美人。」

「這個說法很可疑欸。」

「唔……大概只有日本才這麼說吧。世界上普遍是將楊貴妃、克麗奧佩脫拉和希臘神話的女神海倫當作三大美人。」

「唐玄宗為楊貴妃神魂顛倒，結果財政崩壞、引發安史之亂，導致國家衰退對吧。」

「哇，海豚，神魂顛倒這個說法真復古……

事情大致上就是你說的那樣，但我還是要稍微多談一點前後的因果關係。」

1 皇帝的妻子們

「可是老師，貴妃這兩個字是什麼意思呢？這不是她的名字吧。」

「貴妃是地位在皇后之下的皇帝夫人稱號，因為中國皇帝都有很多妻子。」

「不管是哪裡的君主都會娶很多老婆嗎，但是說到中國，感覺皇后可能會掌權，而皇后的家族……叫作外戚對吧，皇后就會在政治上重用他們、亂搞一通。」

「君主的妻妾干涉政治，在各個地區都還滿常見的呢。例如法國

的波旁王朝，路易十五的情婦龐巴度夫人就掌握了政治大權。

中國方面，從古代延續下來的社會體制大概就可以窺見一夫多妻的原由吧。中國黃河和長江周邊是豐饒的穀倉地帶，人口密度高，城邦國家邑是由單一氏族，也就是相同血統的人組成，這就稱作宗族。這個概念在中國格外重要，他們至今仍非常重視家族這個群體。」

「家族倫理很重要啊，這是源自儒家始祖孔子的教誨吧。」

「對對，這就是儒家思想的『仁』。

孔子推崇周朝的政治。古代中國的城市之間雖然會互相抗爭，但整天吵架也會導致社會衰敗吧。所以需要某些機制來維護和平，於是**才會建立血緣關係以保障安全**。領導者將彼此的女兒嫁給對方，兩家成為親戚。一方面也算是一種人質，另一方面成為親家以後就可以儘量避免發生抗爭。」

圖2-1　邑與血緣關係

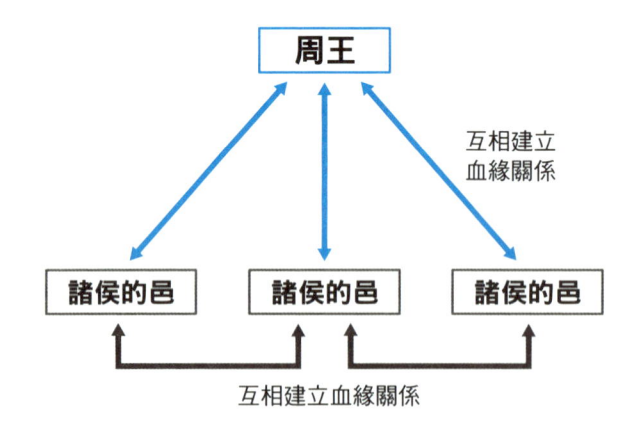

```
                    周王
                  ↑  ↑  ↑
                 ╱   │   ╲
                ╱    │    ╲   互相建立
               ╱     │     ╲  血緣關係
              ↓      ↓      ↓
          諸侯的邑  諸侯的邑  諸侯的邑
              ↑──────↑──────↑
              互相建立血緣關係
```

「周王和諸侯之間也建立了血緣關係吧。」

「沒錯。在秦朝統一以後的中國也是一樣，從各地嫁給皇帝的妃子聚集在宮中。她們大多是基於政治考量而被派到中央，**若是能夠得到皇帝的寵愛，就等於保障了家族的繁榮富貴**。所以她們對宮中的立

場和人際關係十分敏感,熱烈尋求扶搖直上的機會。」

2 玄宗與楊貴妃

「楊貴妃的本名是楊玉環,西元719年出生於現在的四川,是距今約1300年前的人物。據說她家是沒落貴族,但實情不詳。她年幼時父母雙亡,由叔父收養。她長大出落成氣質出眾的美女後,其美貌甚至廣傳到了都城長安。」

「氣質出眾的美女……這方面請老師描述得更詳細一點。」

「嗯……也就是說,楊貴妃除了與生俱來的美貌之外,還有舞蹈和音樂的才華,能演奏一手好琵琶。另外她富有教養,舉止優雅又能言善道,而且善於聆聽別人說話。」

「就是現在常說的傾聽能力對吧。」

「當時的玄宗跟皇后育有一個兒子,名叫壽王,楊貴妃最初是進宮當王妃。一般來說為了避嫌,皇帝和太子都會儘量避免和彼此的妻子會面。總之,玄宗還是不小心見到楊貴妃,就對她一見傾心了。」

「蛤,這下不就慘了嗎?所以他是搶走兒子的老婆對吧。」

「這在儒教上會有問題,所以玄宗先讓她出家成為道教的女道士,接著再娶入後宮,給了她**與皇后同等的待遇**。雖然我們會覺得這樣做不行吧!但形式上似乎是合理的。當時是745年,楊貴妃26歲,玄宗已經60歲了。」

「夫妻歲數差很大呢。」

「後來兩人就過著相愛又自甘墮落的日子。」

「說得真有詩意啊……」

「嗯，楊貴妃受到玄宗的百般寵愛。玄宗還帶著她到長安近郊的溫泉勝地度假，騎馬外出時也都有楊貴妃陪伴。

宮中的官員個個都為了滿足楊貴妃的心願而四處奔波，討她的歡心。相傳她愛吃荔枝，還曾經有人快馬加鞭特地從南方運送新鮮的荔枝來給楊貴妃。

而楊家一族全都成為高官，堂兄楊國忠最終還高升宰相。」

「這就是外戚專橫啊。」

於是玄宗對政治失去了興趣，耽溺於各種玩樂。唐朝原本在玄宗的統治下安穩無虞，後來卻因為他放縱不羈而導致國政大為動盪。」

3 何謂善政，何謂惡政

「原來玄宗一開始是幹練的君主，建立了唐朝盛世啊。」

「對，沒有錯。當時唐朝的興盛不亞於7世紀太宗的治世。

海豚，你知道政治動盪代表什麼意思嗎？」

「老師，你又要問定義了對吧。」

「我們來一個一個解決平常會不經意使用卻搞不太懂的說法吧。」

「嗯，政治就是財富的集約和分配嘛，當然也有其他功能，但如果要簡單解釋這個作用的話……

政治動盪就代表財富的集約和分配沒有做好嗎？」

「哎，你說的對。要牢牢記住這個原理喔。

原本應該是要向民眾徵收租稅，恰到好處地用來經營國家，例如軍事大概要多少，農業大概要多少，土木事業大概要多少，官僚的人事費大概要多少，都需要精準地拿捏周到。

但是，政治動盪會造成『集約和分配的功能失靈』。玄宗將財富都花在與楊貴妃享樂，造成宮廷的浪費。當資金全都用在玄宗的玩

樂，就無法流用到軍事費和土木事業，於是各方面都會混亂。」

「我明白了，要是課本上出現『政治動盪』之類的句子，我一定會想到這個理論。」

「兵力削減、田地荒蕪，都市到處出問題。徵集到的稅金要是減少，就無法妥善分配，經濟就會停擺並陷入惡性循環，所以國家才會衰退。

除此之外，還有外戚的楊家一族掌握大權。他們蠶食國家資源，一味追求家族的榮華富貴。結果，作為財富幫浦的政治功能才會逐漸失靈。」

4 安史之亂

「我們來整理一下唐朝的狀況吧。人民對肆無忌憚的楊家和怠政的玄宗愈來愈不滿，而唐朝的周邊地區有派駐軍隊負責治理，叫作節度使。海豚，你知道軍隊在地方統治久了以後會怎麼樣嗎？」

「他們會以軍事力量為後盾，仗著徵稅權設法自立政權吧。我在羅馬帝國的歷史學到各地軍人崛起，造成帝國分裂。

可是，唐朝原本就允許周邊民族自治，由政府機關監督不是嗎。」

「這個機關叫作都護府。他們會監視周邊的少數民族，實行間接統治。但是在唐朝衰退後，無法維持依照戶籍的徵兵制度，導致都護府難以運作。因此，他們在玄宗時期利用傭兵，這就稱作募兵制。率領傭兵軍團的是節度使，**他們被派駐各地後便擴張勢力，強化了對中央政府的發言權**。

其中一名節度使叫作安祿山，他在755年和下屬史思明一同舉兵起義。」

「就是安史之亂吧。」

「他們的其中一個目的，就是要推翻楊貴妃一族。

叛軍包圍長安後，玄宗計劃帶著楊貴妃逃往四川。途中，唐軍殺害了楊國忠一家，玄宗的親信懇求玄宗賜死引發叛亂的楊貴妃。」

「唉，不意外，畢竟唐朝是在楊貴妃出現後才變得亂七八糟啊。但是寵愛她的明明是玄宗，感覺她成了代罪羔羊呢。」

「玄宗一開始還想包庇她，但最終還是死心，不得已才下詔賜死她。於是在756年，楊貴就結束了她年僅37歲的人生。」

5 唐的沒落

「那安史之亂後來怎麼樣了？」

「最後因為兩名主謀內鬥，在混亂中結束了。

這場動亂波及了中國各地，導致農地澈底荒廢。在這之前，唐朝是政府將土地提供給農民耕作，再向他們徵收穀糧作為稅金，但安史之亂使得徵稅體系完全失靈，財政陷入困境。加上軍隊衰退，各地節度使紛紛自立，唐朝分裂加劇。雖然王朝更改了各個制度、勉強延續下來，但仍舊無法重振國力而逐漸衰退。此外，政府曾為了鎮壓叛亂而借助北方遊牧民族的力量，但在這之後又因這些外族干政而苦惱。」

「原來如此，楊貴妃出現後唐朝就一路走下坡呢，但是最後變成這樣能怪她嗎？」

「這就是重點了。**在楊貴妃出現的時期，唐朝就已經發生問題了。**

玄宗在遇見楊貴妃以前是名賢君，他統治的時期稱作『開元之治』，是唐朝的全盛時期，但因為人口暴增、農業生產供不應求，漸漸無法維持支撐農耕的租稅・軍事制度。」

「在全盛時期就已經顯露出衰退的徵兆，這一點好像不論古今中外都一樣啊。」

「這個矛盾最終由安史之亂揭開,讓人不禁覺得楊貴妃只不過是點燃了導火線罷了。」

「老師,你的講法好有味道喔……」

「唔……!」

「不知道楊貴妃有沒有想在宮中掌權的野心。

或者她只是被命運捉弄呢?」

「每個人對這段歷史的解讀都不盡相同。

後世也出現各種作品來傳頌楊貴妃和玄宗的故事,其中最有名的是白居易的《長恨歌》,以長篇敘事詩的體裁道盡了兩人的愛與悲哀。這段故事也影響了《源氏物語》的作者紫式部。

這裡就附上在楊貴妃的亡魂升上仙界以後,傳述玄宗心境的最後4句詩句。」

在天願作比翼鳥　在地願為連理枝
天長地久有時盡　此恨綿綿無絕期

第2章 中世紀

查理大帝
接受教宗加冕的羅馬人皇帝！

方向指標

- 了解法蘭克王國的發展
- 查理征服了哪些地區
- 了解查理加冕的歷史意義

「這次要講的是查理大帝，聽眾是小羊。」

「『查理大帝加冕』這件事很有名呢，就連我沒有選修世界史的理組朋友都知道。」

「對啊，就是那個不受科目限制的查理大帝！

我們就結合歷史的原理，來看看他為何會這麼有名吧。」

1 日耳曼民族大遷徙

「小羊，查理大帝是什麼時代的人呢？」

「我就是為了學這個才來的啊！」

「呃……你也答得太順口了吧。那我問你，在歷史的分類上，他大概是什麼時候的人呢？」

「在羅馬帝國滅亡以前都算是古代嘛……所以他大概是中世紀的人吧。」

「答對了，古代和中世紀是追求方便的時期分類方式，不需要分得那麼細也沒關係，不過查理在西歐歷史上的確是中世紀的人物。

古羅馬的沒落，改變了歐洲的勢力劃分，日耳曼民族也開始了大遷徙。」

「日耳曼民族大遷徙也是知名的歷史呢，是什麼時候開始的呢？」

「是在西元4世紀，當時日本正值大和政權逐漸拓展勢力的時期。

遊牧民族匈人入侵歐洲，壓迫到日耳曼民族的東哥德人，進而推動西哥德人在375年開始遷徙、湧入羅馬帝國境內。」

圖2-2 日耳曼民族大遷徙的情形

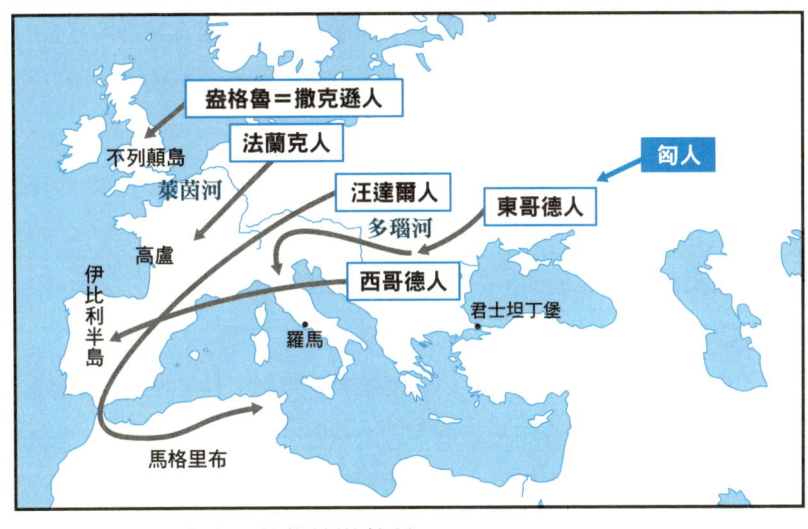

「好像小朋友在玩的推擠遊戲喔。」

「因此，羅馬帝國在395年分裂成東西兩個部分，但之後日耳曼民族仍持續活動，連遊牧民族匈人都入侵了。結果**在476年，西羅馬帝國很快就滅亡**了。」

「是被匈人消滅的嗎？」

「不是，西羅馬帝國設法驅逐了匈人，但當時是有日耳曼民族的協助。因此而崛起的日耳曼民族軍隊，就消滅了西羅馬帝國。

此時西歐已經沒有任何統一的政權，變成群雄割據的分裂時代。唯一保留下來的，只有基督教的信仰。」

2 法蘭克王國與亞他那修派

「老師在這裡講到日耳曼民族大遷徙⋯⋯

就代表查理大帝是日耳曼人吧。」

「對，他是法蘭克王國的國王。

日耳曼裔的法蘭克人將法國北部至中部地區，也就是古代的高盧，作為據點，在西元481年建立了法蘭克王國。原本是羅馬行省的高盧住著羅馬人，但羅馬帝國在分裂前夕將基督教定為國教，所以他們全都是信仰正統教義的亞他那修派。

後來，法蘭克人來到這裡。但日耳曼民族大多信仰基督教亞流派或當地的多神教信仰。」

「居民跟統治者信仰不同的宗教啊，這不管怎麼看都一定會發生糾紛呢。」

「尤其是在國家治理方面，勢必會產生問題。為了在統治領域順利推行政治，我們都會用文書來下達命令對吧。識字的只有神官或祭司，所以在羅馬帝國末期，就是由基督教的亞他那修派神職人員負責這個工作。」

「呃，意思就是把宗教組織當作政治機關嗎？」

「對，在世界史上，宗教組織就類似國稅局。羅馬帝國之所以將基督教認定為國教，大概是出於政治上的動機。」

「總覺得好實際啊。」

「統治高盧的法蘭克人，便利用在當地扎根的宗教政治功能，國王克洛維一世也改信亞他那修派。」

「話說回來，聖德太子也是在政治上利用佛教思想吧，篤敬三寶什麼的。」

「哦，小羊你記得很清楚呢。

在政治上利用宗教的例子，多得不勝枚舉。

法蘭克王國就憑著羅馬天主教會尊崇的亞他那修派信仰，來經營國家。」

3 卡洛林王朝與天主教會

「法蘭克王國的第一個王朝是墨洛溫王朝。小羊,你聽過『王朝』這個詞嗎?」

「有! 像是某某王朝成立~之類的。

可是啊,我完全不清楚『朝』這個字代表什麼意思欸,一直都不知道詞語的定義,就姑且用下去了……」

「誠實是好事喔。**王朝就代表國王的家世**。第一任國王克洛維一世來自墨洛溫家族,所以就是法蘭克王國墨洛溫王朝。」

「原來如此,我懂了。我以前還想過波斯帝國阿契美尼德王朝、薩珊王朝這些區分到底是什麼意思,原來是家世啊。」

「阿契美尼德是王朝的名稱,波斯帝國是國號、國名。

不管在哪裡,國王幾乎都是世襲制,由國王的兒子繼任為新的國王,先王的血統對國家的管理營運非常重要,『既然是前代國王的兒子繼位,那只好繳稅服兵役了』,要具備這種正當性才能說服大眾。

但是,這次談的查理大帝是卡洛林王朝的君主。雖然有點複雜,但這是攸關查理加冕的重要部分,所以就再聽我多講一些吧。」

「到了8世紀,墨洛溫王朝的國王權威一落千丈,由宮相掌握大權。宮相就是相當於總理之類的職務。」

「跟鐮倉時代無視將軍、掌握實權的執權北條氏很像呢。」

「你說的沒有錯! 當時的伊斯蘭教勢力發動吉哈德(聖戰),從北非經過伊比利半島入侵高盧。而擊退他們的就是宮相查理·馬特。他的名聲因此凌駕於國王,而馬特的兒子**丕平在751年即位,開創了卡洛林王朝**。」

「從墨洛溫王朝變成卡洛林王朝了呢。」

「但是考慮到血統的正當性,改朝換代時一定會引發混亂吧。要是人民疑惑『現任國王到底是哪來的? 我憑什麼要繳稅給他?』的話,徵稅和徵兵都會發生問題。」

「確實,要是突然換個人來講世界史,我也會想說『鴿老師呢!?』」

「對,就是那樣! 所以丕平的王位獲得羅馬教宗的認可,有宗教權威的授權。也就是**天主教會的領袖保證『法蘭克王國的卡洛林王朝具有正當性』**。」

「原來如此,那人民就會覺得『既然羅馬教宗都這麼說了,那只好繳稅了』吧。」

「於是,丕平開始執政。

在政治的領域,就是要遷就妥協。丕平將征服的領土作為回禮獻給羅馬教宗。當時的天主教會正在對抗東方的希臘正教會,渴望法蘭克王國的強大政治‧軍事力量,所以才會互相幫助。」

「……希臘正教會是什麼?」

「其實在這個時候,基督教分裂成東西兩方,相對於西羅馬的天主教會,東方的希臘正教會勢力比較強大,因此天主教才會尋求有強大軍事力量的國家保護。到了這一步,**法蘭克王國與天主教會建立了緊密的關係**。」

「這樣啊,就像天皇拉攏東國的武士一樣。」

「小羊,你對日本史也太熟悉了吧。」

4 查理大帝的一生

「查理是丕平的長子,據說出生於740年,但實際不可考。768年,父親丕平去世後,查理和弟弟卡洛曼成為共同統治者。雖然查理

跟弟弟不合,不過弟弟在771年就去世了,所以他統治了法蘭克王國的所有領土。」

「還滿快就掌握了實權呢。」

「從此以後,查理積極出兵征戰,在位46年間總共出征了53次,大多數時間都用在遠征上。國家領土擴張是歷史的必然。如果是像現在這樣,主權國家劃定了領土範圍、期望保持勢力平衡的話倒還行得通,但是當時仍處於日耳曼民族及多方勢力割據各地的狀況,所以壓制這些勢力、將領土擴張得愈大,才能從統治領域收集到愈多財富。查理大帝的領導能力自然不在話下,但之中應該也包括他身邊的神職人員和軍人的意圖吧。所以**王國在查理在位期間,擴張的範圍大到前所未見**。」

「這就是世界史的原理啊。」

「他先是征服了德國北部的薩克森,並在教宗的請求下,消滅了以義大利為據點的倫巴底王國。然後,他驅逐了伊比利半島的伊斯蘭勢力,擊退在中歐活動的遊牧民族阿瓦爾人、納入領土。這個範圍大致是從現在的西班牙涵蓋到法國、義大利到德國一帶。他的擴張活動,可以參考地圖(下一頁,圖2-3)來想像一下範圍有多大。」

「在國內政治方面,查理將全國劃分區域,任命有力豪族為『伯爵』、讓他們治理各地。以中國史來看,就是類似郡縣制的中央集權制度。他派遣巡察使監督各地伯爵是否確實施政,**強化國內行政**。查理本身也經常在國內視察。」

「地方的伯爵和神職人員完全不能鬆懈呢。我有一次在補習班的自習室裡睡得很熟,結果就有像是巡察使的人把我叫起來了。」

「幸好不是被查理抓到呢。」

圖2-3 查理的統治疆域

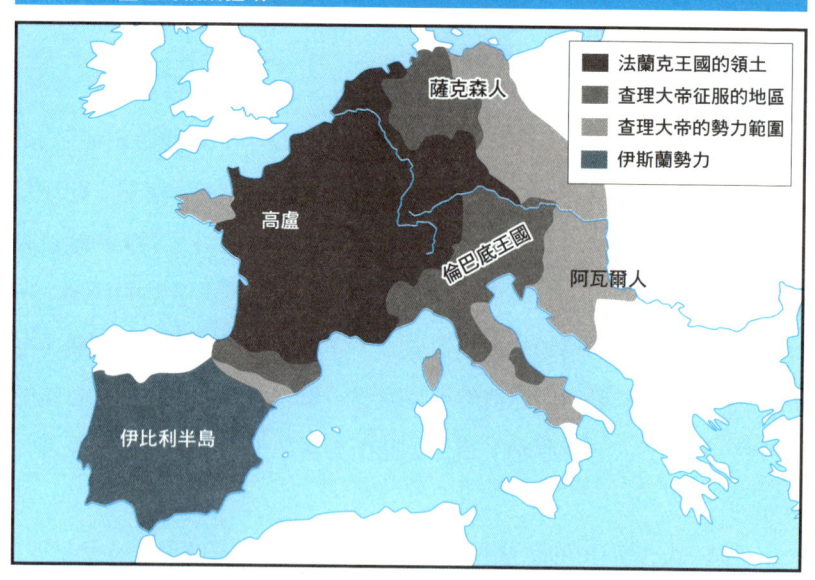

- 法蘭克王國的領土
- 查理大帝征服的地區
- 查理大帝的勢力範圍
- 伊斯蘭勢力

薩克森人
高盧
倫巴底王國
阿瓦爾人
伊比利半島

　　他也致力於學問、藝術、教育，從各地招攬知名學者進入宮廷，請他們制定禮儀樣式。」

　　「老師，課本上經常會出現『在全盛時期的○○時代，文化十分發達～』之類的句子，但這個形容很含糊，我一直不能理解它具體是在講什麼。」

　　「哎，小羊啊，我懂你的意思，總覺得這種敘述不著邊際對吧。這種時候我們就要回歸原理。

　　這個時代的宗教組織，職責就相當於國稅局。所以，查理整頓了教會、建立基督教的儀式後，稅務處理就順暢多了。

　　只要從政治的角度切入學生們不擅長的『文化史』，就會變得好懂很多喔。」

5 走向加冕

「西元800年12月25日聖誕節，教宗良三世將查理加冕為羅馬皇帝，這就是歷史上的『查理大帝加冕』。查理在天主教最高權力機構聖伯多祿大殿跪拜，讓教宗為他戴冠。這在世界史上是意義非凡的一件大事。」

「是因為查理實在太活躍了，教宗才會拉攏他嗎。」

「直接了當來說就是這樣。

自從日耳曼民族消滅西羅馬帝國以後，西歐社會始終動盪不安。而身為日耳曼民族的查理，接受宗教領袖羅馬教宗加冕羅馬帝國傳統的皇冠，至此**日耳曼・天主教・羅馬帝國融合，奠定了西歐社會的基礎**。也可以把這件事想成是鞏固了我們心目中對『歐洲』的印象。」

「是很重要的歷史大事呢。西元800年這個說法也很有衝擊力。

老師，這不就像是天皇將鎌倉的將軍封為征夷大將軍一樣嗎。」

「對、對啊！前面提過，**歷史上經常有宗教權威為政治權力賦予正當性**的事件，這個結構也是世界史的一個法則，所以其他事件都可以套用相同的道理。尤其是查理加冕一事，讓羅馬帝國滅亡後的歐洲世界，有了全新的秩序。

是說小羊啊，你很會念日本史嗎？」

「所以，西歐世界就在查理加冕以後穩定下來了吧？」

「嗯，其實也不是這麼一回事。查理在年過70死去以後，王國就開始沒落了。根據法蘭克王國的慣例，查理的孫子將王國一分為三，**分別塑造出法國、義大利、德國的原型**，之後歐洲就一直延續分裂狀態，走向迂迴曲折的歷史。」

「那查理是個什麼樣的人呢？」

「根據傳聞，查理的身材圓潤高大，有著銀白色的頭髮，愛吃烤肉，雖然他不會寫字，但每天晚上都會練習怎麼簽名。而且他似乎很沉迷於飼養動物。

這次我們從法蘭克王國、天主教會的歷史和世界史的法則，來探索查理大帝的人物形象。你應該已經多少能夠理解他事蹟和加冕有多重要了吧。」

「可是，這是查理本人真正的樣子嗎？」

「關於這個問題嘛，學世界史總是會產生這種想法。不論是誰都一樣，人物本身和成就多少都有點背離。

我能夠教你的就只有這些，如果小羊你想要更深入了解查理大帝、多讀一點專門書籍的話，那我就滿意了。到時候，試著對照一下你現在學到的東西，還有歷史的原理，一定能夠幫助你了解世界史的脈絡。」

第 2 章 中世紀

英王約翰

簽署大憲章的無地王！

方向指標

- 了解英王約翰即位的經過
- 了解為什麼英王約翰被迫簽署大憲章
- 確認大憲章的歷史意義

「這次要談的是英格蘭國王約翰。」

「世界史上的人物大多都是偉人,像是亞歷山大大帝和凱撒之類的英雄豪傑。他們都立下了豐功偉業,個個都是人類的表率。

可是,約翰國王是垃圾君主的典範吧。」

「海豚啊……雖然你說的沒錯,但未免說得太狠了……」

「他就是昏庸無能的君主,翻開字典一查,寫的都是些難聽的詞,『欺世、利己、殘暴、欠缺思考』等等,大多是負面的意思呢,我開始覺得有點可憐了。」

「雖然我在世界史的課堂上也都說他是『沒用的人』,但每次講完都會有罪惡感啊。」

「根本就不認識本人卻這樣詆毀人家,總覺得很不公平呢。」

「所以,這次我們來儘量公正地評價英王約翰,試著幫他挽回一點名譽吧。他究竟是真的那麼沒用,還是可以洗刷他的污名呢,英王約翰的命運將會如何!」

「嗯,我是不抱什麼期望啦,但還是幫約翰加油吧。」

1 不列顛島的歷史

「在開始談英王約翰以前,我們先來了解一下英國的歷史。英國和日本一樣是島國,歷史的階段也有相似之處。」

「日本有著從大陸傳來的農耕文化,這麼說起來英國也有大陸傳來的相關文化嗎?」

「對啊,英國是**受到古羅馬的影響**。

英國所在的不列顛島上最早有凱爾特人定居,不過在大約1世紀時成為羅馬帝國的行省,有拉丁人殖民,因此各地都建造了羅馬風格的城市。」

「倫敦也是羅馬人建造的城鎮對吧。」

「當時叫作倫蒂尼恩。」

帝國滅亡後,受到日耳曼民族大遷徙的影響,日耳曼的盎格魯-薩克遜人登島,趕走了凱爾特人。因為是盎格魯人、盎格魯人之地(Engla-lond),這就成為後來英格蘭(England)一名的詞源。」

「可以把英國和英格蘭當成一樣的嗎?」

「嗯,這解釋起來有點複雜,總之這裡可以當作英國=英格蘭。

在5世紀,盎格魯-薩克遜人曾經分裂成多個國家,好不容易終於統一後,又有諾曼人的丹人從日德蘭半島,也就是從丹麥入侵英格蘭,雙方不斷爭鬥了數百年,結果他們征服了法國北部的諾曼第公國,在11世紀建立了諾曼第王朝。」

「呃啊,好複雜喔。」

「可以參照地圖(下一頁,圖2-4)確認一下。」

「看起來好像是很多民族被『征服』,但實際上是同化對吧。」

「對,沒錯。日本也是在地的繩文人和從大陸帶來農耕技術的彌生人同化,接著又有渡來人,國家就是像這樣形成的,民族和文化也逐漸融合,這方面就跟不列顛島的歷史相同。」

圖2-4 不列顛島的民族遷徙狀況

8世紀開始激烈抗爭
丹人
盎格魯－薩克遜人
諾曼第公國
11世紀諾曼征服英格蘭
諾曼第公國征服後成立諾曼第王朝

「諾曼第公國征服英格蘭,在歷史上稱作『諾曼征服英格蘭』。這個諾曼第公國,是法蘭克王國分封出去的公國,也就是法蘭克王室的家臣。而公爵登陸不列顛島後,自立為英格蘭國王。」

「所以是法國的附屬,卻有了國王的地位嗎。感覺英格蘭和法國的關係會因此變差。」

「法國國王當然會覺得很不是滋味了。而且,英格蘭國王還擁有法國北部的領土。所以,**英國和法國就陷入了嚴重的敵對狀態**。」

2 金雀花王朝與十字軍

「到了12世紀改朝換代,英格蘭變成是由金雀花王朝執政對吧。」

「沒錯。諾曼第王朝沒有後嗣,於是改由有血緣關係的安茹伯爵

亨利二世即位成為國王，開創金雀花王朝。安茹伯爵是法國諸侯之一，是法國國王的家臣。

安茹伯爵在法國西部擁有廣大的領土，所以英國和法國的關係更加險惡。我們來確認一下地圖（圖2-5）吧。

這裡我要補充一下時代背景。**大約從西元1000年起氣候暖化，西歐的中世紀社會逐漸穩定下來。**」

「我上課有學到，這個時期的農耕生產很穩定。」

「是的，西歐社會開始擴張，其中一環就是發動十字軍。十字軍是為了奪回天主教會的聖地耶路撒冷而發起的軍事遠征行動，但背後隱藏的卻是有力人士對領土的野心。

過去的英國和法國都有濃厚的封建體制色彩，社會處於有力諸侯和教會勢力在各地自立的分裂狀態。可是一旦發起十字軍，就要以國王為中心編組軍隊……」

圖2-5 英國與法國的關係圖

英格蘭王國

安茹伯爵即位成為英格蘭國王

安茹伯爵領地

•巴黎

法蘭西王國

「於是國王的權限就提高了吧。我考試需要準備論述題，十字軍帶來的影響是出現頻率很高的題目。」

「你準備得很不錯呢。在約翰即位的1199年，正值十字軍東征期間，屬於**國王和諸侯的勢力平衡產生變化的過渡期**。」

3 英王約翰的一生

「約翰是金雀花王朝第一任國王的小兒子，兄長個個都被授予位在法國的王國領地，只有他沒有土地，所以有了無地王的別名。」

「分地這種事實在無可奈何，有點可憐呢。」

「而且，他的哥哥是獅心王理查一世，因為在十字軍東征時多次大戰伊斯蘭英雄薩拉丁而聞名。但約翰在哥哥出征時企圖奪取王位，理查歸來後就狠狠教訓了他一番。」

「唔，約翰的**情勢很不利**喔……」

「哥哥理查去世後，約翰使了計謀才即位成為國王，但因此與試圖干涉英格蘭的法國國王交惡。

如同前面提到的，英王最早是法國的家臣出身。約翰在即位後也繼承了大陸的領土，因而與反對此事的法王腓力二世開戰。1214年，約翰確定戰敗，幾乎失去了英國在法國的所有領土。」

「還真的是『無地王』呢。」

「海豚，你覺得超支的戰爭經費要怎麼彌補才好呢？」

「**課稅**囉，這是世界史上常見的作法吧。」

「你秒答欸……雖然這個作法似乎會引起人民的抗議就是了。

當時的教會扮演國稅局的角色，如果可以安排約翰的人馬擔任教區領袖的主教，就能馬上提高稅收了。」

「可是，主教的任命權是在羅馬教宗手上吧。」

「沒錯。約翰立即主張自己有坎特伯里主教的任命權，與擁有絕頂教宗權勢的依諾增爵三世對立。結果，約翰被教宗開除了教籍，只能捐獻以獲得赦免。」

「約翰，**不能輸啊**……」

85

4 大憲章與王權

「約翰計劃發動大規模的遠征力挽狂瀾,為籌措更多戰爭經費而不停向神職人員、貴族勢力課稅,因為統治階級都累積了很多財富。

海豚,我考考你,請問惡政是什麼?」

「惡政就是用不合理的政策控制民眾嗎?現在是主權在民,但老師想談的應該是更原理的東西吧?」

「唔⋯⋯被你看穿了。

政治的原理,總之就是財富的集約和分配。所以,**惡政就是『集約』和『分配』其中之一或兩者都發生問題**,這樣想就可以了。」

「過度課稅會破壞社會平衡,所以這就是惡政吧。」

「很顯然一定會有人反抗約翰。貴族和神職人員開始抗議國王不斷課稅。

已經看透約翰的有力人士舉兵攻陷倫敦後,對國王提出了種種要求,像是禁止任意課稅、禁止違法拘留等等。這就是**大憲章**。1215年,約翰簽署了這份文件。」

5 英王約翰的評價

「大憲章被視為是君主立憲制的開端,**在英國具有憲法的作用**。現在,世界各地實行的法治主義和議會制度,沒有一個不是源自於這份文件。」

「成為日後世界的典範⋯⋯真是一份意義重大的文件呢。」

「約翰後來大概對限制王權的大憲章沒有什麼好感吧,為了廢除這份文件,甚至還僱了外國傭兵部隊與貴族抗爭。在內戰當中,他喝下腐敗的蘋果酒中毒身亡。這位英國史上最不受歡迎的國王,49歲就

去世了。」

「那個,老師,可以把大憲章當作是憲法的起源吧,這就表示**憲法本來是限制國王權力的法律**嗎? 我還以為它是保障我們人民權利的法律。」

「你這個想法是受到法國人權宣言的影響吧。大憲章反過來說就是確認神職人員和貴族各個權利的文件,只是裡面有很多條文都是限制王權的內容。這個部分有相關性。請把憲法想成是原理上用來抑制執政者權力的法律。」

「就如同前面談到的,約翰的風評從生前就不怎麼好。在他死後不久寫成的年代記裡,對他的描述是『無能、愛吹牛、軟弱、卑劣又暴躁』。」

「這些話放在現代是誹謗,會被告呢。」

「感覺這個評價固定下來以後,就這麼流傳到後世了。實際上,也有現代的研究者試圖重新評價約翰,比方說他建立了近代主權國家會有的常備軍、開拓了征服蘇格蘭和愛爾蘭的路線等等。」

「歷史上的人物形象,難道不會因為從不同的角度評價而完全改變嗎?」

「這個嘛,若是從統治方面來評價約翰,他向貴族和神職人員課重稅,完全就是失敗的政策,但是考慮到當時正處於過渡到主權國家的時期,就會發現這個政策並沒有那麼離譜了。

但無論如何,最顯而易見的是,**他簽署的大憲章,對往後的世界造成了深遠的影響**。在日本的國家公務員測驗裡,甚至會出題詢問這份文件代表的意義,由此可見其中的內容和道理有多麼重要。從這個角度來看待約翰,就會認為他的失敗政策是重大的事件。」

「那老師,如果他非常謹慎地考慮到勢力平衡、妥善拿捏徵稅和分配的比例,或許就不會有大憲章了對嗎?」

「或許就要等到更後面的時代才會出現吧。要是英國的立憲政治更晚才奠定的話,議會主權也會更晚才成立,最後連工業革命也會延遲⋯⋯思考『歷史上的如果』可能是無稽之談。不過,光就這一點來看,就足以解釋為什麼約翰能在歷史上留名。」

「所以**約翰至今依然被視為『昏君』,其實也不是那麼糟糕的事**也說不定喔。

太好了,約翰是個值得傳述下去的人物呢。嗯? 我明明是想開始想支持他的,可是怎麼有種這樣不太妙的感覺。」

第2章 中世紀

聖女貞德
收到神啟的百年戰爭英雄！

方向指標

- 了解法國與英國的對立結構
- 確認百年戰爭的經過
- 了解貞德的出現對百年戰爭的影響

「這次要講的是聖女貞德對吧。」

「對，小羊，就是那位有名的聖女貞德！」

「她做的事情很神祕呢，我其實不太清楚欸，是很神聖嗎？」

「她在百年戰爭時期是法國的英雄，你聽過百年戰爭嗎？」

「有，就是那場打了一百年的戰爭吧。」

「哦……你好像很沒把握。我就從戰爭的背景開始解說吧。」

1 中世紀的封建國家

「百年戰爭是發生在中世紀吧。」

「在歐洲的歷史分類裡，『中世紀』涵蓋的時間真的很長呢！請看這份年表（圖2−6）。」

圖2-6 中世紀的年表

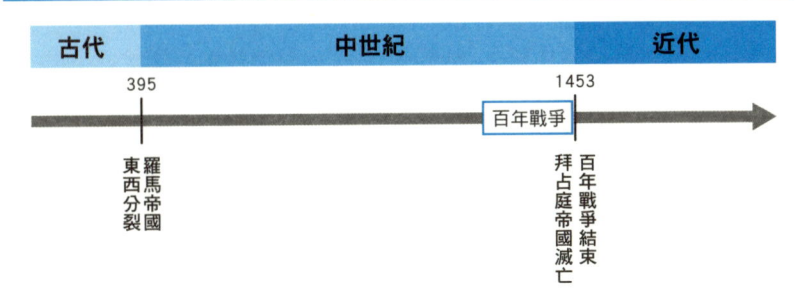

古代	中世紀	近代
395		1453
羅馬帝國東西分裂	百年戰爭	拜占庭帝國滅亡 / 百年戰爭結束

89

「好長喔,有1000年以上。」

「中世紀結束的時間點,就在百年戰爭結束的那一年。戰爭從1339年到1453年斷斷續續地進行,這已經是中世紀的末期了。」

「所以百年戰爭是從14世紀打到15世紀吧。」

「對,沒有錯! 這種對年代的感覺相當重要喔,此時相當於日本的室町時代。」

「百年戰爭是法國跟誰打呢?」

「是跟英國。

聽到法國vs.英國,你會想到什麼?」

「嗯,好像世界杯喔,雙方都是為國爭光的感覺?」

「說的也是呢。在我們的時代聽到戰爭,都會覺得是全民動員。但是在那個時候並不是這樣喔。

中世紀歐洲,其實不僅限於歐洲啦,當時大多數的地區都不像現在有主權國家,所謂的國家幾乎都是四分五裂的狀態。領土內的有力人士在各地自立統治,**這就稱作封建國家**。」

「是地方分權嗎。」

「對,你說中了。話說現代英國的正式名稱也是聯合王國,是以整個不列顛島和愛爾蘭北部為領土,不過當時的英國領土只有不列顛島的中南部。所以這裡我們就把英國直接視為英格蘭就好。」

「這個時代的英格蘭是金雀花王朝。哦,小羊,你剛剛皺了眉頭對吧。這個歷史名稱的確不好記呢。

這是臣服於法國國王的安茹伯爵,也可以說是法國國王的下屬即

位成為英國國王後開創的王朝。伯爵是在法國擁有領地的諸侯，所以雖然身為英格蘭國王，但在法國領內也保有領土。」

「為什麼會變成這樣啊。」

「國王去世後，有時會出現還沒有確定繼承人，或是沒有後嗣可以繼承的狀況。這時就會由國王的親屬繼位。英格蘭在這之前是諾曼第王朝，但因為末代國王的女兒嫁給了安茹伯爵，於是他們的兒子亨利就成了英格蘭國王。」

「**這個時候的英格蘭國王是法國國王的下屬，而且在法國的領土內擁有領地**對吧。那是什麼事讓雙方關係惡化呢。」

「這就是英法對立的起源了。」

2 百年戰爭爆發

「話說，為什麼會發生戰爭啊？」

「**因為領土糾紛**。」

「這麼簡單！」

「國家的功能是財富的集約和分配，根據這個理論，各國的統治階層只要擴張領土，可徵稅的領域就能拓展得更大，全民共享的財富就會增加。

所以，**國家無法遏止領土的擴大**……而戰爭會與這個想法衝突，總之你先這樣想就好了。」

「意思是百年戰爭的背景，在於英法對領土的野心吧。」

「有兩個地區分別叫作法蘭德斯和吉耶訥，戰爭也與這兩地的利權問題有關。法蘭德斯盛行毛織品工業，吉耶訥是葡萄酒的產地，只要掌握這兩地，就能賺取龐大的利益。」

「那從此以後我就把國家之間發生紛爭的原因，都當作是領土問

題囉。」

「話雖如此，硬要說的話領土糾紛是真正的原因，但**戰爭需要有個表面的理由**。

百年戰爭的原因在於英格蘭國王愛德華三世，宣布自己擁有法國王位繼承權。**『王位繼承』往往都會成為戰爭的正當理由**。

法國原本是卡佩王朝，後面承接的是瓦盧瓦王朝，意思就是國王的家世從卡佩家族轉移到瓦盧瓦家族。」

「所以這代表愛德華三世有卡佩王朝的血統。」

「沒錯！就是這樣。卡佩王朝有個國王叫作腓力四世，他的女兒就是愛德華三世的母親。」

「總覺得好像那種在爭財產時會突然出現的親戚喔。」

「不過，血統終究是真的，所以法國的有力人士就在會議上提名愛德華作為王位繼承人選。

因此，在瓦盧瓦王朝成立後，愛德華三世便宣稱『我才是王位繼承人！』而揮軍進攻法國，引發百年戰爭。」

3 法國屈居劣勢

「英格蘭在戰爭初期占了上風，畢竟他們做了萬全的開戰準備，法國領土內也有很多支持英格蘭的諸侯。」

「法國是一盤散沙啊。」

「法國在首戰敗給了英格蘭。而且在百年戰爭期間還流行鼠疫，導致農民人數驟減。兩國為了繼續作戰，便向人民課徵重稅，導致農民起義反抗。總之就是一場大混亂啊。」

「就是這樣戰爭才拉長了吧。」

「聖女貞德還沒出場欸……」

「再等一下，等一下就來了！」

百年戰爭後來歷經各種波折，進入15世紀後，法國的劣勢浮上檯面。英格蘭占領各地的要衝，也有法國諸侯倒戈英格蘭。一轉眼，**英格蘭包圍了奧爾良**，法國已經無計可施、命在旦夕。」

圖2-7　百年戰爭中的法國

（地圖：盧昂、倫敦、巴黎、加萊、塞納河、朗斯、萊茵河、法蘭德斯地區、奧爾良、羅亞爾河、吉耶訥地區）

「奧爾良就在法國的正中央對吧，旁邊又有河川，只要攻陷這裡，就等於被英格蘭掐住物流的要衝。」

「當時的法國國王已經失去了號召力，前代國王去世後，因為諸侯大力反對，**王太子查理還未能即位**。於是就在這個時候，聖女貞德出現了。」

93

4 貞德的一生

「貞德出生於法國東部一座名叫棟雷米的村莊。雖然有諸多說法，不過據說她在13歲時**接到神的啟示**，天使來到她的身邊，要求她『打敗英格蘭、協助王子查理即位』，她深受衝擊，就此領悟到自己的職責。」

「老師，這是真的嗎？」

「唔⋯⋯姑且先不論是不是真的，重點是貞德完全相信神賜予她的啟示。」

「所以她就加入法軍了吧。」

「她在17歲時離開村莊，去見了查理王子。查理對貞德留下深刻的印象，覺得『這名少女是來拯救法國的⋯⋯』。貞德也如有神助般，精準預言了戰爭的走向，讓法軍士氣大振，雖然也有法國諸侯和神職人員懷疑她得到的神啟是否為異端，但貞德依然被送往前線了。」

「就是所謂的精神領袖吧，世界史上偶爾會出現這種人呢。」

「貞德率領軍隊**解放了奧爾良之圍**，把英軍逐出了城鎮。

貞德的壯舉團結了整個法國。查理成功排除了反對派，在朗斯加冕成為法蘭西國王。朗斯是歷代國王舉行加冕典禮的地方。**王子就在這裡即位成為查理七世**。從此以後，法國逆轉了情勢，百年戰爭最後以法國的勝利告終。」

「貞德讓法國從絕境中重生了呢，難怪會變成法國的救世主，真是戲劇化。」

「但是，悲劇也降臨在貞德身上。」

5 貞德的火刑及後來的歐洲

「因為**貞德被判處火刑**了。」

「蛤,為什麼會發生這種事?」

「法國領地內有很多親英格蘭的諸侯,他們在一場戰爭中俘擄了貞德,反法王派的勃根第伯爵將她引渡到了英國。她在盧昂的審判中被視為女巫,判處為異端,在1431年用火刑處死。」

「貞德是查理七世的恩人對吧,難道他沒有付錢贖身之類的,想辦法救她一命嗎。」

「**國王並沒有出手拯救貞德**。據說他從以前就對貞德又愛又恨,或是遭到母后譴責、諸候進諫,有各種說法,總之他見死不救。」

「唔,這也太絕情了吧,是出於政治考量嗎。」

「如今已經沒有人能明白查理的心思了。貞德年僅19歲就結束了短暫的人生。」

「那法國後來怎麼樣了呢?他們打贏了百年戰爭吧。」

「對,法國在百年戰爭中取勝,英格蘭撤軍。此後,法國就以查理七世為中心建立了官僚制和常備軍,逐漸塑造出主權國家的體制。小羊,主權國家是什麼呢?」

「我是聽過這個詞啦……但好難回答喔。主權國家就是有主權的國家!」

「哦,那主權是什麼?」

「主權……呃,就是很厲害的權力,還是說統整力。嗯,要怎麼說才好咧。」

「我們來好好掌握這種原理方面的名詞定義吧。」

主權就是徵稅權和軍事權。官僚負責徵稅，常備軍負責軍事。

　　主權國家就是有政府掌握徵稅權和軍事權的國家。中世紀各國大多都是封建國家，但是法國從這個時期開始，已經開始慢慢蛻變為主權國家了。

　　另一方面，英國在戰後，內部又爆發了玫瑰戰爭，因而改朝換代。諸侯和貴族在這場內戰中沒落後，新興的都鐸王朝握有強大的王權，同樣逐漸建立了主權國家的體制。」

　「聖女貞德就是歷史的分歧點。」

　「哦⋯⋯這句台詞真帥。

　依照這個脈絡來評價貞德，視野就會更開闊喔。」

第2章 中世紀

成吉思汗
奠定蒙古帝國基礎的第一代皇帝！

方向指標

- 了解蒙古高原的勢力變遷
- 彙整成吉思汗的遠征與內政
- 蒙古帝國的疆域拓展到何處

「這次要談的是成吉思汗。海豚，請多指教了。」

「我對成吉思汗很有興趣，不管怎樣，他的領導力都超強。

他是奠定了蒙古稱霸世界基礎的人對吧。我看過各種關於他的影視作品，也看過漫畫。可是要說他是什麼樣的人嘛，我老是會把他跟忽必烈搞混，所以還不是很清楚呢。」

「哇，海豚，你都能自己分析到這種程度了，一定很快就能理解的。我們就從遊牧民族的背景開始解析吧。」

1 騎馬遊牧民族

「老師，請你先介紹蒙古的遊牧民族吧。」

「這個嘛，海豚，你聽過『騎馬遊牧』嗎？」

「呃，騎馬遊牧……

遊牧是指跟綿羊和山羊之類的家畜一起遷徙吧，主要吃乳製品和肉來生活。

騎馬的話，意思是他們騎著馬遊牧嗎？」

「沒錯，**騎馬遊牧民族就是擅長騎馬技術的人**。他們善於騎在馬上使用武器，而且速度非常快，戰鬥力遠比農民還要高。跟遊牧相比，農耕的生產效率比較好，所以騎馬遊牧民族經常入侵中國的穀倉地帶。」

「這樣很傷腦筋欸。」

「**遊牧地帶位於歐亞大陸的中央**,這裡的降雨量極少,稱作半乾旱氣候。這一帶有廣大的草原,騎馬遊牧民族可以來去自如,所以他們不只是出沒在蒙古,從中亞到伊朗高原北部、黑海北岸地區都有他們的蹤跡。

其中一支最古老的騎馬遊牧民族,叫作斯基泰人。」

「斯基泰人就是蒙古人嗎?」

「不是,以民族系統來說他們屬於伊朗人。

他們以黑海北岸一帶為據點,在西元前6世紀到前3世紀活動。」

「那邊西側就是巴爾幹半島,距離希臘世界很近呢。所以他們跟古希臘也有關聯嗎……?」

「我們看地圖(圖2-8)確認一下吧!

圖2-8 斯基泰人與騎馬遊牧族的動向

斯基泰人也與波斯帝國和希臘城邦之間有紛爭。

騎馬遊牧民族從黑海北岸來到裏海和鹹海北方,接著來到蒙古高

原，在這一帶肆無忌憚地奔馳。於是，**斯基泰人卓越的騎馬技術就傳到了蒙古高原**。」

2 蒙古高原的遊牧民族與中國

「斯基泰人的活動是在西元前，蒙古是在13世紀建立大帝國，年代差距很大啊。可以請問老師後來遊牧民族怎麼樣了嗎。」

「咳，這個嘛，蒙古高原的勢力鬥爭還滿激烈的，不斷有征服該地的民族進駐，情勢很複雜，我們就依時期來分析吧。

海豚，請問住在蒙古高原的民族叫什麼？」

「蒙古人。」

「說的也是，蒙古人所以就住在蒙古高原。

但是，蒙古高原除了他們以外，還有很多民族在那裡遊牧。

匈奴就是受到斯基泰人的影響，才嶄露頭角。」

「我聽過，他們打敗西漢的劉邦、入侵中國對吧。」

「對，雖然匈奴的民族系統不詳，不過他們從西元前2世紀開始，勢力就在蒙古高原逐漸壯大。

匈奴的勢力在冒頓單于就任君主的時期達到巔峰，勝過中國。尤其是黃河流域的農耕地帶，對他們來說是上好的糧倉。以匈奴為首的蒙古高原騎馬遊牧民族，就這麼入侵了中國。」

「中國也需要對抗遊牧民族呢，但是這樣不就要花很多錢在軍事上嗎？」

「你說的沒有錯，**國家財政大多都拿去對付北方的遊牧民族了**。在秦始皇的時代修建的萬里長城，也是為了防禦匈奴的城牆。

中國王朝與遊牧民族的關係，大致可以整理如下（圖2-9）。」

圖2-9　遊牧民族和中國王朝的關係

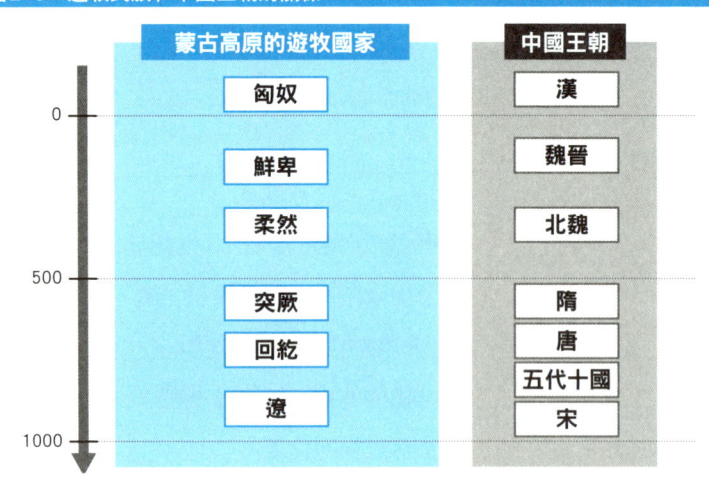

蒙古高原的遊牧國家	中國王朝
匈奴	漢
鮮卑	魏晉
柔然	北魏
突厥	隋
回紇	唐 / 五代十國
遼	宋

「唔，我的頭都昏了⋯⋯如果不先熟記中國的朝代順序，就沒辦法理解呢。」

「中國的朝代順序很重要喔！不過現在可以先放輕鬆一點來看。

西漢全盛時期的漢武帝抱著『永不屈服！』的想法，打敗了匈奴。匈奴勢力從此衰退，分列成東西二部。

接著是鮮卑。他們在蒙古的勢力擴大後便南下中國，在黃河流域建立一個叫作北魏的國家。**掌控了農耕地帶的鮮卑族與中國同化**，這就叫作漢化政策。」

「與中國同化⋯⋯變成務農了嗎？」

「沒有錯，遊牧民族改行去做完全不擅長的農耕，因此吃了不少苦頭，但是他們建立的均田制傳承到了隋朝和唐朝，日本也效仿制定成班田收授法。

所以，鮮卑往南遷後，高原就出現了新勢力柔然。鮮卑和柔然都是屬於蒙古民族。」

「什麼嘛，結果還是蒙古人啊。」

3 土耳其民族西進與通古斯民族崛起

「進入6世紀後,勢力結構就改變了。**土耳其民族的勢力在蒙古高原變得強大**,他們就是突厥。」

「土耳其是現在位於小亞細亞的國家吧。」

「對,其實他們原本住在歐亞大陸的中央。

突厥在蒙古高原建立了遊牧帝國,統治周邊地區,但是遭到隋朝攻打而分裂成東西二部,後續又遭受唐朝攻打而四分五裂。

到了8世紀,還有名叫回紇的土耳其民族擴張勢力。」

「我上課有學過回紇,他們在安史之亂出動援軍、協助中國平定動亂後,就開始干涉中國……之類的。」

「回紇利用軍事力量打壓唐朝,當然這也有在草原地帶貿易、建立合作關係的一面……

在9世紀中葉,回紇被其他遊牧民族消滅,殘存的黨羽逃往西方,從蒙古高原到中亞、伊朗高原,在歐亞大陸上一直向西移動。

中亞到小亞細亞這一帶的遊牧民族逐漸土耳其化,大部分民族的重心都轉往西方。」

「原來是這樣,**土耳其人往西遷徙,最後落腳在小亞細亞**對吧。那後來蒙古高原就是由蒙古人控制了嗎……?」

「事情可沒那麼簡單。在10世紀的中國,唐朝滅亡後,進入五代十國的分裂狀態,周邊的情勢也跟著轉變。

屬於蒙古民族的契丹人建立了遼朝,但是在12世紀被通古斯民族的女真人消滅。」

「那個……民族太多了,感覺好混亂。」

「這種時候就要靠想像了,我們來看圖確認吧(圖2-10)。

101

圖2-10　9～12世紀的蒙古高原周邊勢力圖

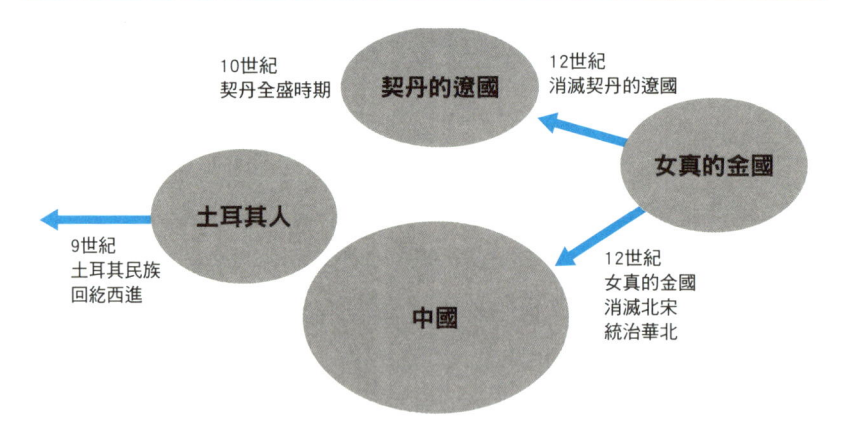

- 10世紀 契丹全盛時期 — 契丹的遼國
- 12世紀 消滅契丹的遼國 — 女真的金國
- 9世紀 土耳其民族回紇西進 — 土耳其人
- 12世紀 女真的金國消滅北宋統治華北 — 中國

　　9世紀到12世紀的局勢大概就像這樣，北方民族輪番興亡。土耳其民族西進，蒙古民族的契丹開創遼朝，中國東北地區的通古斯民族女真人開創金朝。雖然金朝推翻了遼朝，但此後**在女真的統治之下，蒙古高原處於各個部族興亡的動盪狀態**。」

4 13世紀是蒙古世紀

「接下來，成吉思汗就要登場了。」

「雖然蒙古高原一直處於分裂狀態，但各個時期都有不同的勢力變強呢。」

「的確就是這樣。13世紀初以前一直處於分裂的蒙古高原，最終由成吉思汗統一。1200年代的**13世紀，就稱作『蒙古世紀』**。」

「我想問一個應該算是很基礎的問題，為什麼成吉思汗能夠統一各個部族呢？」

「因為他的**領導能力**。

遊牧民族經常遷徙，個個都有強大的戰鬥力，但是生產量不多，

所以無法好好徵稅,而且始終無法建立起中央集權式的國家。不過只要有卓越的領導能力,在那個時代一下子就能統率眾人了。」

「真的只是這樣而已嗎?」

「成吉思汗的本名是鐵木真,年紀還小時就喪父,所以他不相信血統。後來他還遭到朋友背叛,於是他領悟到建立超越血統和友情的群體有多重要。或許就是這個想法促使他統一蒙古。

還有啊,嗯,也可以說是時勢所趨吧。像是人人都希望可以統一始終處於分裂狀態的蒙古高原,還有統治華北的金朝勢力衰退等等,需要從各個角度來思考。」

「鐵木真統一蒙古高原的各個部族後,**在1206年的軍政會議忽里勒台上,正式自稱為『可汗』,於是大蒙古國,也就是蒙古帝國就此成立**。

成吉思汗建立了統治部族的千戶制。遊牧民族並不像農耕民族一樣會定居,所以很難徵稅和組織軍隊。於是他將眾多部族編成部隊,以便發揮制度的功能。這方面對農耕民族來說通常無法理解,但遊牧民族的分類其實很明確。除此之外,成吉思汗還頒布了名為大扎撒的法典,統治廣大的國土。」

「他的政策還滿詳細的。」

「他也出兵遠征。

首先是乃蠻。他原本派遣友好使節前去要求貿易,但遭到拒絕,就揮軍遠征占領對方的土地。」

「我還是需要確認一下位置(下一頁,圖2-11)。」

圖2-11　成吉思汗的遠征與蒙古帝國的最大疆域

□ 蒙古帝國的最大疆域

基輔大公國　蒙古　金　乃蠻　西夏　花剌子模王朝　西藏　南宋　阿拔斯帝國

「接著他征服了花剌子模王朝，這是位於中亞西部到伊朗的伊斯蘭王國，屬於土耳其民族。」

「看了地圖後真的清楚很多呢。」

「後來，成吉思汗還遠征了統治中國西域的西夏，但在遠征途中的1227年，他因墜馬的傷勢惡化而去世。成吉思汗的遺體被悄悄送回了蒙古，安葬在地底深處。至今仍沒有人發現他的墓。」

5 成吉思汗之後的蒙古

「之後，蒙古成為幾乎統治了整個歐亞大陸的大帝國對吧。」

「沒錯，就是這樣。他的兒子窩闊台和孫子蒙哥、旭烈兀，以及忽必烈，陸續遠征各地、納為領土。在圖2－11的地圖可以確認遠征的範圍。他們建立了史上最大的大帝國。」

「**基礎就是成吉思汗打下的**啊。」

104

「然而，**到了14世紀後，蒙古的勢力卻逐漸衰退**。因為內亂加上地方勢力崛起，更重要的是，蒙古的主要地區轉變成為中國的王朝，所以騎馬遊牧民族的勢力沒落了⋯⋯大概是這樣吧。在元末的農民起義中嶄露頭角的朱元璋驅逐了蒙古勢力，開創明朝。蒙古在各地的統治權力陸續告終。最後，蒙古人回歸高原。」

「後來蒙古怎麼樣了呢？」

「他們在明朝是舉國畏懼的北虜，而且不出所料，他們入侵了中國王朝。明朝皇帝成了蒙古的俘虜、北京遭到圍城，總之蒙古人的動向搞得明朝人仰馬翻。

到了17世紀，通古斯民族的女真人崛起，開創了清朝。蒙古被清朝征服後，從此都是附屬在王朝之下。」

「所以他們就這樣步入近代了吧。

成吉思汗這個名字的先行印象，讓我以為自己對他已經有部分了解，不過在學習歷史的過程中才總算做好了系統性的整理呢。」

第3章

近代

近代年表

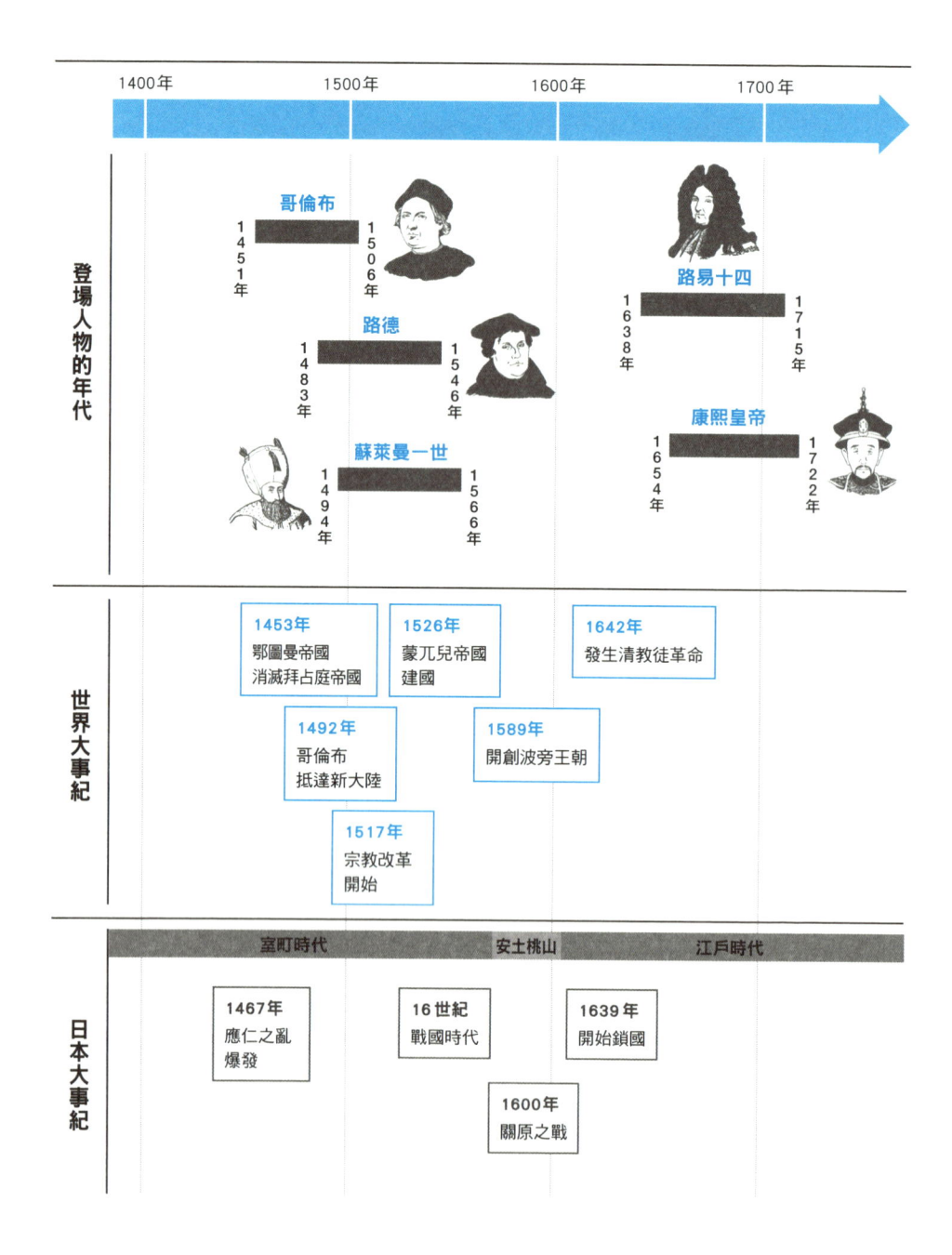

	1400年	1500年	1600年	1700年

登場人物的年代

- 哥倫布　1451年 — 1506年
- 路德　1483年 — 1546年
- 蘇萊曼一世　1494年 — 1566年
- 路易十四　1638年 — 1715年
- 康熙皇帝　1654年 — 1722年

世界大事紀

- 1453年　鄂圖曼帝國消滅拜占庭帝國
- 1492年　哥倫布抵達新大陸
- 1517年　宗教改革開始
- 1526年　蒙兀兒帝國建國
- 1589年　開創波旁王朝
- 1642年　發生清教徒革命

日本大事紀

室町時代　｜　安土桃山　｜　江戶時代

- 1467年　應仁之亂爆發
- 16世紀　戰國時代
- 1600年　關原之戰
- 1639年　開始鎖國

108

第3章 近代

哥倫布
成功航抵美洲大陸的航海家！

方向指標

- 認識西班牙開拓海外航線的背景
- 了解哥倫布抵達美洲大陸的原委
- 西班牙發現新大陸對世界造成什麼影響

「這次來談哥倫布的故事。小羊，請多指教。」

「提到哥倫布，他那個直接把蛋底砸破立在桌上的故事很猛欸，好像在告訴大家要質疑常識一樣。但如果要問我他做了什麼，我只知道他發現了美洲大陸。」

「唔……你這麼老實真不錯。我們就從大航海時代的脈絡來探討哥倫布的一生吧。」

1 近代的歐洲

「其實我不太清楚大航海時代的歷史，那到底是什麼情況啊？」

「要說明這個時代，就得先從中世紀歐洲開始講起。大航海時代大約是指15世紀到16世紀，不過我們先把時間回溯到10世紀吧。小羊，你能解釋一下這個時代的特徵嗎？」

「大概是**氣候暖化**吧，當氣候穩定以後，**農耕生產就穩定下來**了對吧，然後歐洲的**人口增加**了。」

「哦……！」

「我是問海豚才知道的。」

「這樣啊……不過，你能夠整理好再說明，算是表現得很棒呢。

人口增加會引發領土擴張運動，十字軍東征和進駐東歐都是其中一環。」

109

歐洲人透過領土擴張運動接觸到伊斯蘭世界,帶回東方的產物,**在地中海發展貿易**。中國的絲綢和陶瓷都是很受歡迎的商品喔,而其中需求量最多的是⋯⋯」

「⋯⋯是**香辛料!?**」

2 香辛料與大航海時代

「為什麼會需要香辛料呢?」

「是為了保存肉類喔。香辛料有防腐作用,而且香氣十足,是生活的必需品。但是,香辛料原本是東南亞的物產,伊斯蘭商人跨越印度、從阿拉伯半島將香辛料帶到地中海,再由義大利商人購買後帶進西歐。

因此,香辛料轉運了很多地方,價格才會變得非常昂貴。」

「因為中轉手續費才會導致價格提高啊。」

「因此西班牙和葡萄牙才會想前往東南亞,雖然當時的歐洲把亞洲東方都當作印度,但他們都渴望直接前往產地取得香辛料,所以這條路線稱作**印度航線**。歐洲人對香辛料的嚮往,揭開了大航海時代的序幕。」

「原來如此。歐洲人口因氣候暖化增加,透過領土擴張運動接觸到伊斯蘭世界、買到香辛料,但是嫌價格太貴,於是就想直接去貿易!是這樣子對吧。」

「為什麼西班牙和葡萄牙會想開拓印度航線呢?」

「問得好!為什麼是西班牙和葡萄牙呢 」

「這個嘛,咦,不是我在發問嗎⋯⋯嗯,西班牙和葡萄牙都在伊

比利半島，所以這跟**收復失地運動**有關嗎？」

「沒錯！我們就從這裡開始分析吧。

伊比利半島在7世紀被伊斯蘭勢力入侵統治對吧。」

「我知道，是聖戰吉哈德。」

「對。奧瑪亞王朝從非洲跨越直布羅陀海峽、入侵伊比利半島。從此以後，半島上一直都有伊斯蘭勢力，於是**基督教徒才會出兵要奪回伊比利半島**，這就是收復失地運動。

西班牙和葡萄牙最後把穆斯林逐出伊比利半島，但事情的細節稍有不同。」

3 西班牙的收復失地運動

「13世紀的伊比利半島，西部是葡萄牙王國，中部是卡斯提亞王國，東部是亞拉岡王國（下一頁，圖3-1）。」

「咦？沒有西班牙欸。」

「西班牙當時還不存在，是分裂成三個部分。

而半島南部維持著以奈斯爾王朝為首的伊斯蘭王朝，各國都在進行收復失地運動。」

「是各自進行運動嗎？」

「你注意到重點了呢，問題就在於他們的軍事行動並不統一。葡萄牙在13世紀驅逐了領土內的伊斯蘭勢力，但因為卡斯提亞王國和亞拉岡王國之間對立，導致收復失地運動遲遲未有進展。」

「難道說，西班牙就是卡斯提亞和亞拉岡合併而成的國家嗎？」

「沒錯。亞拉岡王國的王子斐迪南，與卡斯提亞王國的女王伊莎貝拉聯姻，在**1479年成立了西班牙王國**。

後來，收復失地運動加速進行，1492年，奈斯爾王朝首都格拉

圖3-1 伊比利半島三國

納達淪陷,**收復失地運動終於完成**。」

「唔唔,但為什麼這件事跟大航海有關呢?」

「出於宗教動機的對外運動結束後,西班牙和葡萄牙在海外傳播基督教的熱忱提高了。而且軍事行動是以國王為中心,所以國內的中央集權化加劇,想要擴張主權涵蓋範圍的王國便渴望進軍海外。除此之外,還有香辛料的需求。

因此,**西班牙和葡萄牙主導了大航海時代**。」

「我懂了!如果沒有這種知識背景,就沒辦法仔細了解呢。

可是,既然他們的目標是亞洲,那為什麼會抵達美洲大陸呢。」

「小羊,你知道要怎麼從歐洲前往亞洲嗎?」

「那當然是搭船從歐洲南下,繞非洲一圈後抵達印度,再往東南亞去。」

「說的對,但是這個航線已經被葡萄牙捷足先登了。西班牙要是走相同的航線,嘗到的甜頭就會變少吧。」

「對欸,會互相競爭。」

「所以他們有個反敗為勝的方法。」

4 哥倫布抵達新大陸

「哥倫布是出生於熱那亞的義大利人,童年經歷不詳,不過據說他很早就開始航海,有一身純熟的操船技術。」

「因為哥倫布是航海家,才能成功抵達美洲吧。

嗯?但他是湊巧在航行的路途中發現新大陸,並不是為了去美洲才出海的嗎⋯⋯」

「他的目的地終究是亞洲,他原本以為只要繞著地球航行一圈,就可以抵達印度。」

「當時是天動說,難道他沒有想過會在大海的盡頭墜落嗎。」

「天動說已經是有點過時的觀念了,不管是天動說還是地動說,在15世紀下半葉,『大地應該是球體』的觀念成為主流,所以**哥倫布相信地圓說**。」

「想是這樣想,但總覺得沒辦法實行啊⋯⋯」

「哥倫布最早是請求葡萄牙贊助他出海,結果馬上就被拒絕了。畢竟葡萄牙已經努力開拓出東方航線了嘛。

因此,他便轉而向西班牙的伊莎貝拉女王提議往西的印度航線。當時正值收復失地運動期間,軍事開銷很大,起初伊莎貝拉面露難色,直到收復失地運動結束的1492年春天,她才點頭答應。」

「終於要出航了呢。」

「哥倫布帶領3艘船艦和120名船員,就此從西班牙的帕洛斯港出發。」

「1492年10月12日,哥倫布**抵達了陌生的島嶼**。

被命名為聖薩爾瓦多島的這片土地,是巴哈馬群島的其中一個島

嶼。哥倫布誤以為這裡就是印度,於是將當地原住民稱作印地安人。

他想謁見當地的國王,卻未能如願,只好先在周邊的島嶼探險,然後暫時歸國。」

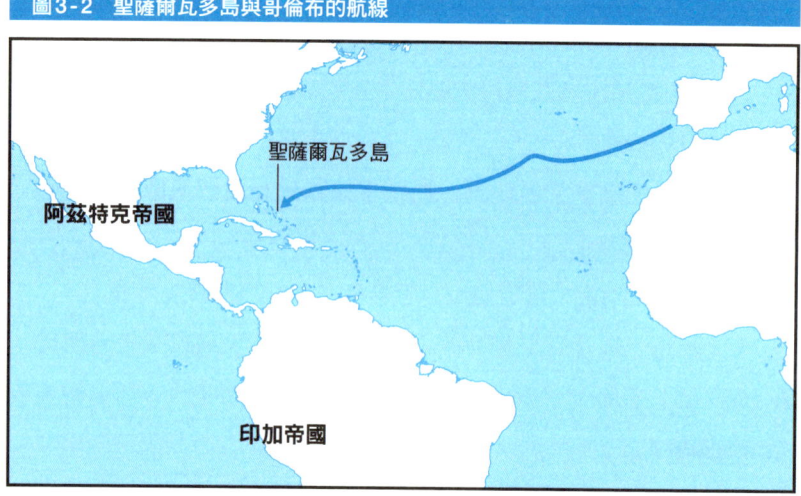

圖3-2 聖薩爾瓦多島與哥倫布的航線

（地圖：標示聖薩爾瓦多島、阿茲特克帝國、印加帝國與哥倫布航線）

「哥倫布到底航海了幾次啊?」

「總共有4次。

他在第3次航海前往當地時,心懷不滿的船員引發內亂,哥倫布因究責而被押送回國。雖然他在重申自己的正當性後,得以再度航向西印度群島,但這第四次航海並沒有什麼成果,他只能落莫地返回西班牙。」

「看來移民不順利呢。」

「據說非常辛苦。原本和善的原住民開始反對這些移民不斷開拓,最終演變成與西班牙人的激烈抗爭。由於氣候和土壤都不同,移民者無法成功栽種從歐洲帶來的種子,而且在西印度群島幾乎開採不到任何金銀。隨行的船員也大多都是粗暴的人。

哥倫布回國後,贊助者伊莎貝拉女王不久即去世。其丈夫斐迪南

對哥倫布極其冷淡，頓時失去精力的哥倫布病情惡化，在1506年55歲時就離世了。」

5 發現美洲造成的影響

「偉人經常都有個失意的結局呢。

那從此以後西班牙就入侵美洲大陸了吧。」

「對，他們消滅了墨西哥的阿茲特克帝國、安地斯的印加帝國，逐步殖民美洲大陸。他們在當地從事種植業並開採銀山，讓西班牙坐擁財富、迎向全盛時期，卻在農場和礦山奴役美洲原住民。」

「而且還有傳染病流行對吧。」

「天花在當地肆虐，因為原住民沒有免疫力。**瘟疫導致原住民的人口大量減少**。」

「而且還虐待他們呢。西班牙人是有什麼正當的理由可以奴役原住民嗎？」

「西班牙殖民者奉國王的命令，在保護原住民和基督教化的條件下，得以將他們作為勞力運用。這就稱作委託監護制，原本的目的是保護原住民，但是因這群殖民者過度利用，幾乎變成了奴隸制。」

「要是沒有人出面質疑的話……」

「有名傳教士巴托洛梅・德拉斯卡薩斯寫下了《西印度毀滅述略》，向國王揭露原住民遭受迫害的慘狀。但是，這本書反而成為**從非洲引進黑奴的契機**。有數不盡的黑人奴隸跨海被帶進歐洲，當然也造成了非洲社會崩壞。」

「我一直以為哥倫布締造了豐功偉業，沒想到後來的發展卻愈來愈不妙啊。」

「雖然問題主要是出在繼他之後來到美洲的殖民者，這只能說是

個人造業了。哥倫布也帶了原住民回到西班牙,但有點難以推測他究竟有多少侵略的意圖。」

「就算哥倫布沒有發現美洲,也可能會有其他人發現,所以光從他成了罪魁禍首這一點來看,總覺得他有點可憐。」

第3章 近代

馬丁・路德
發起宗教改革、催生出新教！

方向指標

- 了解天主教會的腐敗情況
- 路德在宗教改革的主張是什麼
- 彙整查理五世對路德派諸侯的應對方式

「老師，這次要講的是馬丁・路德對吧，我好期待。」

「哦！海豚你喜歡路德嗎？」

「比起路德，我對教會的腐敗更有興趣。

我已經發現了，凡是組織都必定會腐敗對吧？」

「呃……哎呀，你都知道了啊。」

「這只是我個人的推測啦，我覺得社會的階層結構都有很多問題。

政治的功能就是『財富的集約和分配』對吧？」

「對，沒有錯。」

「這就代表，財富會集中在上面的階層，我不管怎麼想都覺得他們會累積很多財產，畢竟這是人類的本能。」

「什麼意思？」

「嗯，我認為這種本能是起源於狩獵・採集時代，那個時代不是無法保障明日的糧食嗎，為了活下去、為了在後世留下自己的基因，所以要想辦法收集保存食物吧？這個就是本能。」

「嗯嗯。」

「因此當農耕社會逐漸成熟後，國家就負責執掌政治、徵稅和重新分配對吧。可是，先收集大眾生產的財富再適度分配，這個作法是違反本能的行為。會讓人懷疑到底憑什麼要徵收我們生產的東西？」

「因為政治就是理性的行為嘛。」

「對啊，所以我覺得，世界史就是因為順從本能的智人利用需要

違背本能的理性政治功能，才會發生複雜的事件吧。」

「海豚啊⋯⋯你講的非常有意思。雖然我不知道你這個想法實際在學問上涉及的範圍有多大，不過似乎可以橫跨到社會學跟心理學等各種領域呢。」

「這就是我想在大學裡研究的主題。」

1 天主教會與贖罪券

「腐敗與改革的狀況會因時代和地區而異。

例如在古埃及，新王國時代的祭司有根深蒂固的阿蒙信仰，凡事皆以祭祀儀式為中心。而當時的法老阿蒙霍特普四世為了反抗傳統，便發起宗教改革、強迫推行一神教。

在猶太教方面，法利賽人主張堅守戒律的律法主義；相較之下，耶穌主張『無條件的愛』與『愛你的鄰舍』，發起自創的宗教改革。」

「阿蒙霍特普四世和耶穌的活動都可以當作宗教改革嗎？」

「提到宗教改革，一般都是指路德發起的那個，但廣義來說是可以的。」

「因為架構很像對吧。」

「16世紀初的天主教會，**腐敗的象徵就顯現在販售贖罪券**。

贖罪券是指可以赦免現世罪過的證書，只要購買贖罪券，就不必經過地獄的審判，可以直達天堂。不只是可以幫自己購買，甚至還能幫已逝的親兄弟購買。由教會率先出售。」

「但是審判罪行的是神吧，教會可以做這種事嗎？」

「傳統的慣例都是由教宗赦免信徒的罪。

但是，這次卻是當時的羅馬教宗為了籌措建造聖伯多祿大殿的資金，而允許教會販售贖罪券。」

「聖伯多祿大殿就是天主教的大本營吧。我也好想去看看！在梵蒂岡宮殿內的西斯汀禮拜堂，可以看到米開朗基羅畫的《最後的審判》壁畫對吧。」

「梵蒂岡博物館的館藏很驚人喔，非常值得一看。

羅馬教宗是文藝復興藝術的贊助者，不管怎樣都需要錢。贖罪券在德國格外暢銷，所以德國又被戲稱為『教宗的乳牛』。」

「教宗還真會花錢呢。

雖然不能以我們現代人的標準來看，但是為什麼當時的人會買贖罪券呢，難道他們不會覺得很可疑嗎。」

「因為**試圖製造恐慌、不斷營造需求是古今中外都會採取的手法**，比方說，海豚你會收到模擬考的成績單對吧，要是信封裡附上暑期輔導的傳單，你會怎麼想呢？」

「啊……我懂了，就是這麼回事。」

2 路德的宗教改革

「馬丁・路德出生於德國中部的礦主家庭，在大學研究文學和法學，因為是中產階級，未來的生活有保障，但他仍不顧周遭的反對，執意在20歲那一年成為修士。」

「他的心境是發生了什麼變化嗎。」

「路德原本是虔誠的基督教徒，學生時期曾經遇上險些被閃電劈死的雷雨，當時他祈禱『如果能夠獲救，我願意成為修士』。

之後，他成為威登堡大學的神學教授，鑽研聖經和神學的問題。」

「所以，他就開始質疑教會販賣的贖罪券對嗎。」

「路德認為**人只能透過信仰，在福音中獲取神義**。這就是因信稱義的思想。」

119

「呃，他的意思是信仰很重要，根本不需要買什麼贖罪券嗎？」

「對。聖經裡根本沒有提到贖罪券，因此路德寫了《九十五條論綱》來質疑贖罪券，公開貼在教會門口。此時是1517年，宗教改革就此開始。」

「是歷史性的時刻呢。

羅馬教宗當然會不爽吧。這就像是補習班老師批評主任『不該隨便推銷暑期輔導』對吧？」

「講這種話太危險了！

教宗也公開回應了路德，卻因此確定了雙方的對立。尤其是路德在著作《論基督徒的自由》當中大肆批判教會，還在廣場上當眾燒了教宗的詔書，最終被開除教籍。」

「這下沒救了啊。」

「宗教改革從這個時候開始，就愈來愈複雜了。」

3 路德與查理五世

「海豚，你知道中世紀以後的德國是什麼國家嗎？」

「呃……是神聖羅馬帝國。」

「答對了！

這個神聖羅馬帝國還滿難應付的，讓選修世界史的人傷透腦筋。」

「話說回來，明明是德國卻叫神聖羅馬帝國，有夠莫名其妙，根本就不是羅馬啊。」

「在10世紀的德國，國王鄂圖一世四處征戰，因而獲得羅馬教宗的信任，所以被加冕成為羅馬帝國的皇帝，史稱鄂圖加冕。因為是由神聖的天主教教宗授予羅馬皇帝的皇冠，才稱作『神聖羅馬帝國』。」

「嗯，我不太能接受這個說法，但我會把中世紀德國當作是神聖

羅馬帝國。」

「而且,當時的德國處於分裂,**領邦諸侯在各地自立,完全沒有作為帝國的統一局面**。」

「神聖羅馬帝國最著名的家世是哈布斯堡家對吧,他們究竟是什麼樣的人呢。」

「哈布斯堡家從15世紀中葉開始,就是皇位的世襲家族,他們在奧地利一帶實行中央集權,但領地內也包含捷克人和馬扎爾人等其他民族,領邦也各自分立,整體來看完全就是一盤散沙。只要了解這個結構,就能順利理解近代德國統一的局面了。」

「路德的宗教改革,跟德國的狀況有關對吧。」

「沒錯,當時的神聖羅馬皇帝是查理五世。他獲得教宗的加冕,所以當然是屬於天主教陣營的人。

剛才提到路德被羅馬教宗開除教籍,不過他似乎不怎麼在意,但是這看在德國君主的眼中卻是罪無可赦。在教宗面前,**路德做出這種行為,等於是統領德國的皇帝查理五世要負起責任**。」

圖3-3　神聖羅馬帝國的結構

領邦諸侯分裂!

布蘭登堡
薩克森
波希米亞
神聖羅馬帝國
奧地利
巴伐利亞

「好像夾在高層和基層之間的主管喔。」

「查理五世將路德召進帝國議會，強迫他撤回自己的言論，不准在德國宣揚這種思想，要求他重新考慮。但是路德拒絕了。」

「好頑固。」

「查理五世別無他法，只好把路德逐出帝國，宣布從今以後不論發生什麼事，帝國都不會庇護他。雖然事實上這是一種處刑，卻為宗教改革揭開新的局面。」

4 宗教改革的展開

「德國四分五裂，神聖羅馬皇帝想要統一帝國，諸侯卻想要維持自治，因此皇帝和領邦諸侯彼此對立。」

「總覺得有股政治味出來了呢。」

「領邦諸侯隸屬於神聖羅馬帝國，所以原本就是站在天主教陣營。但是，路德宣稱『天主教會犯了錯！』以後，**諸侯全都倒戈成為路德派**了。」

「意思是他們脫離天主教了嗎？」

「沒錯，他們成了路德派的諸侯。

這當然是有宗教上的理由，不過大多也是政治問題。若是受到天主教的庇護，以社會結構而言，領內的財富就是會集中在教宗和皇帝手上。」

「老師之前說過，**宗教組織扮演的是國稅局的角色**對吧。」

「**只要領邦諸侯轉而支持路德的信仰，就可以自主管理領邦的物產**了。因此，薩克森選帝侯暗中保住了路德的性命。路德在藏身地瓦特堡裡完成了《新約聖經》的德語譯本，用當時最先進的活版印刷技術大量印刷出版、流通到整個德國。」

「啊,這樣贖罪券的謊言就揭穿了⋯⋯」

「德意志農民戰爭因此爆發,**最終還是導致民眾起義**了。

這場戰爭的起因當然是人民對宗教的不滿,但也是為了解放在領主制下受到壓迫的農民。」

「目的換成了社會問題呢。」

「路德原本很同情農民,畢竟他們被迫購買贖罪券。但是當他知道農民的目標是要改革社會後,便要求諸侯強力鎮壓,畢竟他只是想要改革信仰而已。」

～～～～～～～～～～～～～～～～～～～～～～～～～～～

「好,故事還沒結束喔。接著我們來把視野拓展到國際關係吧。請問在16世紀控制小亞細亞到巴爾幹半島的國家是什麼?」

「是鄂圖曼帝國,那時剛好是蘇萊曼一世統治的全盛時期吧。」

「對對對,蘇萊曼一世是非常重要的領導人物,不過這裡我們先從國際情勢來談他。鄂圖曼帝國與神聖羅馬帝國對立,後來發生了第一次維也納之圍。」

「這件事很有名呢,這種類似侵略的行動還是要看地圖才比較好想像吧,有圖可以看嗎?」

「當然有圖囉!大概就像這樣(下一頁,圖3-4)。」

「老師準備得真周到呢。

我看看,神聖羅馬帝國被法國和鄂圖曼帝國包夾,所以它跟這兩個國家對立?」

「是的,就是這樣。神聖羅馬帝國在16世紀的義大利戰爭中與法國嚴重衝突。」

「查理五世真辛苦啊。」

「後來鄂圖曼帝國和法國結為同盟,**德國在地理位置上就是個多**

123

圖3-4　16世紀的國際情勢

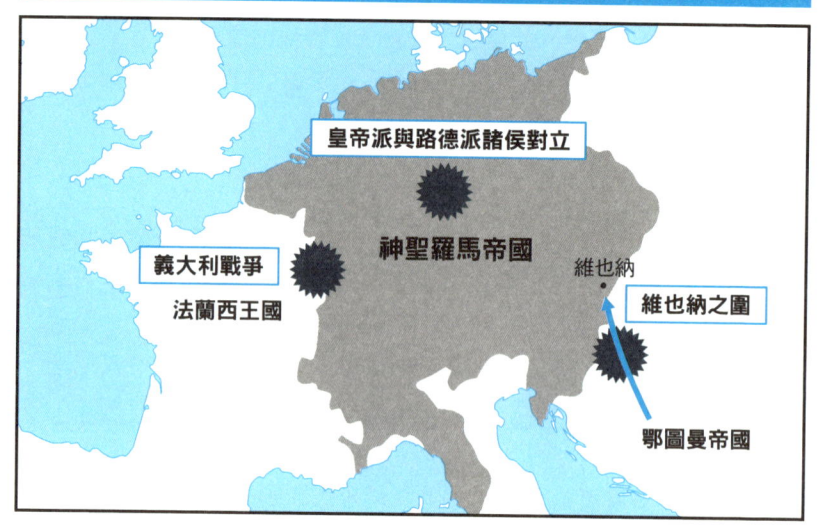

皇帝派與路德派諸侯對立
神聖羅馬帝國
義大利戰爭
法蘭西王國
維也納
維也納之圍
鄂圖曼帝國

災多難的國家。」

「而且當時還跟國內的領邦諸侯對立，這下查理五世不是焦頭爛額嗎。」

「他被三方圍攻了呢。如果海豚你是皇帝的話，這樣的情況下你會先處理哪邊呢？」

「這個嘛，好猶豫喔……總之先想辦法解決壓力最大的鄂圖曼帝國吧。」

「畢竟維也納之圍迫在眉捷嘛，所以，查理五世向領邦諸侯發布令，藉此承認路德派的信仰，然而**承認信仰的交換條件，是要求諸侯提供軍事援助**。」

「於是神聖羅馬帝國才能保有勢力吧，原來是這樣，走到這一步完全就是政治問題了。」

「但是，查理五世在義大利戰爭方面暫時達成和解，保障了西方的安全後，**卻又下令禁止路德派信仰**。」

「說話不算話……」

「路德派諸侯群起反抗。相對於舊教天主教，新教的稱呼是protestatio，意思就是『抗議』。」

5 宗教改革及其後續

「後來，諸侯組成軍事同盟來反抗皇帝。天主教方面則是召開特利騰大公會議，最終與路德派諸侯全面開戰。」

「路德變成了引發戰爭的導火線嗎。」

「舊教與新教的抗爭稱作宗教戰爭。皇帝軍雖然設法鎮壓了諸侯起義，但查理五世已經疲憊不堪，在1555年簽訂奧格斯堡和約，**終於承認了諸侯的路德派信仰**。」

「總算告一段落了。」

「這裡需要注意的是，和約僅僅是承認諸侯有宗教選擇權，並非承認個人的信仰自由。諸侯的信仰決定了該領邦所屬的宗派。無論如何，查理五世在簽訂和約後失去了動力，讓兒子和弟弟繼承哈布斯堡家，自己隱居到修道院了。」

「真是高潮迭起的人生啊……咦，好像中途就變成在講查理五世的故事了欸，路德後來怎麼樣了呢？」

「由於他主張鎮壓德意志農民戰爭，所以被農民譏諷為騙子博士。而宗教改革的浪潮擴散到了全歐洲，引發其他改革人士和人文主義者的論爭、造成對立，因此新教派始終未能團結一致。」

「嗯，**路德發起的行動造成整個歐洲混亂**，換作是我的話大概會很自責吧，就算自己並沒有做錯。」

「路德當然也受到了良心的譴責，這樣真的符合神的旨意嗎。不過，路德後來跟逃出修道院的修女結婚，育有好幾個孩子，過著平凡的日子。」

「修士可以結婚嗎?」

「路德認為祭司和修士也應該要結婚。雖然當時的修女大多會基於某些理由被強制送進修道院,但路德協助她們逃脫,於是跟途中認識的一位名叫卡塔琳娜的女子結婚。

修道院會釀造啤酒,而卡塔琳娜釀酒的工夫十分純熟,因此路德也很愛喝她釀的啤酒。他與家人共同生活,同時掛念著特利騰大公會議的走向,最終在1546年去世。」

「這次的內容好充實,讓我思考了很多事情。路德的故事實在是趣味無窮。」

第3章 近代

蘇萊曼一世
鄂圖曼帝國全盛時期的名君！

方向指標
- 了解土耳其人西進的過程
- 確認鄂圖曼帝國崛起的原委
- 蘇萊曼一世將鄂圖曼帝國的疆域拓展到什麼程度

「老師，這次要講的是蘇萊曼一世吧！」

「哦！小羊你很有幹勁呢。蘇萊曼一世也會很高興的喔。」

「我沒有什麼預備知識，所以非常期待。我頂多只知道他是鄂圖曼帝國的君主。」

「你在歷史課沒學過鄂圖曼帝國嗎？」

「我一年級的時候是選修日本史，至於我是不是很了解日本史，那就另當別論。」

「這樣看來，我需要從比蘇萊曼一世和鄂圖曼帝國更早的時代開始講起才行呢。」

1 土耳其人西進

「小羊，你知道土耳其人原本住在哪裡嗎？」

「是在**歐亞內陸的草原地帶**吧，土耳其人就在那一帶遊牧。」

「哦!?答得很好嘛，你其實選修的是世界史吧。」

「我躲在後面聽了之前成吉思汗那堂課，裡面就出現遊牧民族對吧。印象中，土耳其民族原本是在歐亞大陸中央，也曾經在蒙古高原擴張勢力。」

「啊，原來你在後面啊。但你可以好好說出聽過的內容，這樣很棒喔。將吸收的知識表達出來很重要。」

「我都會把世界史課堂上學到的東西,講給我家鸚鵡小啾聽喔。小啾應該也對世界史很熟了吧。」

「這樣啊⋯⋯

所以,土耳其民族在歐亞內陸過著遊牧生活。後來他們其中一個分支來到安納托力亞高原,我們來看看地圖上的位置吧!(圖3-5)」

圖3-5　土耳其民族的原住地和西亞的地名

「哇,他們遷移的距離好長喔。」

「現在的**土耳其人,依然認為自己是出身於突厥帝國**喔。突厥是6世紀在蒙古高原崛起的土耳其遊牧民族國家,後來以蒙古高原為中心拓展勢力,但是被同為土耳其民族的回紇消滅後,便轉而西進。」

「所以他們是在高原爭奪勢力失敗後才遷徙啊,然後就去了小亞細亞嗎?」

「他們並不是突然就遷過去,而是花了好幾百年的時間,民族分布才逐漸偏向西邊。回紇是在9世紀中葉滅亡,從此以後,土耳其人就從中亞遷徙到伊朗高原,接著才到小亞細亞。在這個過程裡,**中亞一帶才逐漸土耳其化**。」

「中亞原本的居民是誰呢?」

「那裡有各種民族來去，有點複雜，不過這個地區傳統上稱作粟特，屬於伊朗民族的粟特人以這裡為據點進行東西貿易。」

「從粟特可以通往中國、伊朗高原和印度，所以自古以來就是貿易的中繼點。土耳其人就是來到了這裡。」

2 塞爾柱王朝與小亞細亞

「土耳其人移居中亞後，好像會跟伊朗人發生衝突呢。」

「是啊，某些狀況下可能會發生紛爭，但事情也沒有那麼簡單。當時這一帶有伊朗的伊斯蘭王朝薩曼王朝，他們是**將土耳其人當作兵力來運用**。」

「原來中亞有伊斯蘭教的王朝啊？」

「伊斯蘭教是在600年代成立的，到了9世紀後也在粟特普及。身為騎馬遊牧民族的土耳其人驍勇善戰，所以薩曼王朝的伊朗人才會把他們當作奴隸軍人馬木路克。」

「奴隸軍人這個稱呼好厲害喔。」

「雖說是奴隸，但也包含了菁英軍人、地位崇高的人，跟我們想像中的奴隸不太一樣喔。薩曼王朝將土耳其人作為兵力輸出西方世界，更加促進他們的遷徙。」

「因為土耳其人擁有強大的軍事能力對吧，換作是我的話，就會想建立一個用伊朗人當作武力來統治的王朝。」

「確實，但伊朗人和土耳其人的勢力反轉了。到了10世紀，土耳其人建立了第一個伊斯蘭王朝喀喇汗國，中亞更進一步土耳其化。」

「他們還沒到小亞細亞呢，在這之後也發生很多事情嗎？」

「在11世紀，土耳其人又成立了塞爾柱王朝，他們進軍巴格達，獲得哈里發賜封的蘇丹稱號。」

「嗯？哈里發……蘇丹……是什麼？？」

「新的名詞嚇到你了吧。

哈里發是伊斯蘭教的宗教領袖（權威），意指穆罕默德的繼承人。當時的哈里發就在巴格達。」

「那蘇丹呢？」

「**蘇丹是伊斯蘭世界的執政者**。塞爾柱王朝的統治範圍從中亞到伊朗、伊拉克一帶，但需要宗教領袖（權威）哈里發賜封蘇丹的稱號，才能鞏固統治地位。感覺就像是『封你為蘇丹，將統治權交給你』。當時的西亞居民大多數都是穆斯林，所以此舉也能讓他們認為『既然敬愛的哈里發都這樣說了，那就只好接受塞爾柱王朝的統治了……』區分宗教權威與政治權威，在世界史上是很常見的狀況。」

「就像天皇任命征夷大將軍一樣嗎。」

「對，就是這樣！」

「別看我這樣，我去年可是選修日本史呢。」

「於是，**塞爾柱王朝更往西進，進入了小亞細亞**，促使安納托力亞高原土耳其化。」

3 鄂圖曼帝國成立

「塞爾柱王朝的勢力屈居下風後，土耳其小國在安納托力亞高原上各自分立，直到13世紀末才建立了鄂圖曼帝國。」

「哦，鄂圖曼帝國終於登場了。嗯？可是帝國這個詞……不是指統治多個民族的領域國家嗎，它一開始就是帝國了嗎？」

「唔，你問得很犀利。這個嘛，鄂圖曼帝國一詞只是方便用來表現這個國家的成立到滅亡，它一開始只是個小小的侯國，後來逐漸壯大，才形成帝國的體制。」

「它是從什麼時候變成帝國的呢?」

「這個問題很難,我沒辦法給你明確的答案,不過在第四任君主巴耶濟德一世的時候,就已經開始使用『蘇丹』的稱號了。」

「這是剛才提到的塞爾柱王朝從哈里發那裡獲封的稱號吧,代表是世俗權力的統治者。」

「他進軍巴爾幹半島,將大部分區域納為領土。在這個過程中,他也將斯拉夫等民族加入統治領域中。**鄂圖曼帝國雖然帶有強烈的土耳其色彩,但事實上包含了多種民族和宗教。**

那麼小羊,請問為什麼鄂圖曼帝國要進軍巴爾幹半島呢?」

「不知道欸,到底是為什麼呢,是因為反方向的伊拉克和伊朗那邊有強敵……嗎?」

「哦!你這個想法有地緣政治學的味道喔。當時有個名叫帖木兒帝國的強大國家在中亞到西亞一帶崛起,所以這也是個非常充分的理由。我們來看一下勢力圖吧(圖3-6),看看小亞細亞和巴爾幹半島之間……」

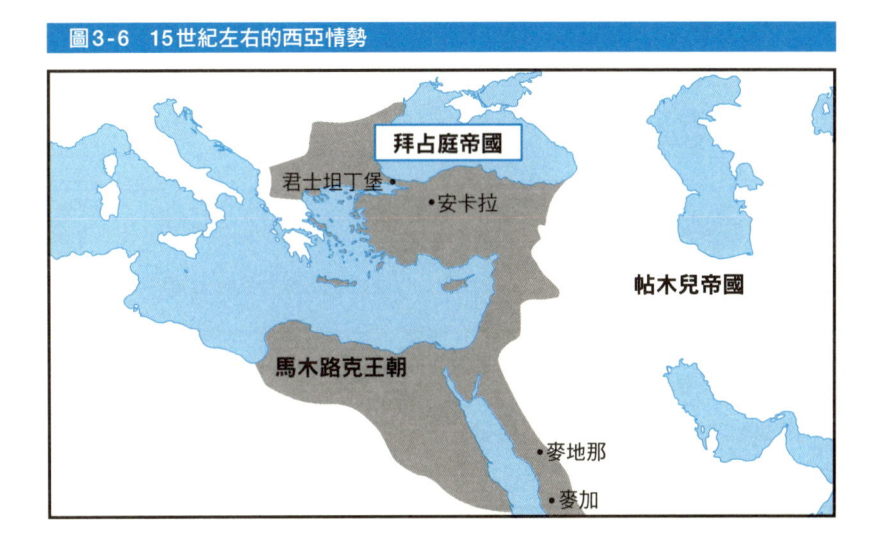

圖3-6　15世紀左右的西亞情勢

「君士坦丁堡一帶有拜占庭帝國，我想想，這是古羅馬帝國分裂後在東邊建立的東羅馬帝國對吧，居然變得這麼小……」

「拜占庭帝國在6世紀的全盛時期統治的疆域，大到甚至被稱作『地中海帝國』，但是在14世紀到15世紀，領土幾乎只剩下君士坦丁堡，也就是現在伊斯坦堡周邊。不過拜占庭帝國依舊繼承了羅馬帝國，是希臘正教的中心，無論如何仍具有權威。」

「意思是只要推翻拜占庭帝國，就是名符其實的帝國嗎。」

「其實事情沒有那麼單純，鄂圖曼帝國曾在東方敗給帖木兒帝國而一度滅亡，不過後來帝國勢力再度復甦，在1453年攻陷君士坦丁堡，才終於消滅了拜占庭。」

「古羅馬帝國的傳統就這樣沒了……這很嚴重啊。」

「到了16世紀後，鄂圖曼帝國**占領了麥加和麥地那，成為伊斯蘭世界的領袖**。」

「麥加和麥地那都是伊斯蘭教的聖地吧，以日本來說就像將軍掌握了京都一樣。」

「哦，不愧是選修日本史的人！」

4 蘇萊曼一世的治世

「接著蘇萊曼一世就登場了。」

「我還很擔心他怎麼一直沒出現，但這也是沒辦法的事呢，不先了解背景和前提的話，就很難深入理解。」

「小羊，你說我們要怎麼統整蘇萊曼的事蹟呢。」

「嗯，怎麼統整啊。分成政治、經濟和文化……不對，總之先**分成對內和對外政策**吧。我覺得分成國內和國外會比較好懂。」

「不錯喔，你愈來愈有學世界史的樣子了。依項目來分類資訊，

的確會比較好統整呢。蘇萊曼一世在25歲左右就即位成為蘇丹,帝國在他長達46年的治世中迎向巔峰時期。我們就先從對外政策開始看起吧。」

「我想看地圖來確認。」

「對！就是要這樣（圖3-7）。」

圖3-7　鄂圖曼帝國的最大疆域

神聖羅馬帝國
維也納
法蘭西王國
西班牙王國
伊斯坦堡
鄂圖曼帝國
薩法維王朝

「鄂圖曼帝國原來有這麼大嗎!?」

「這個疆域是蘇萊曼一手打造出來的。我們來看看歐洲方面。首先他從巴爾幹半島逐漸北上，征服了匈牙利，再乘勝追擊發起了第一次維也納之圍。」

「我聽過，是包圍進攻神聖羅馬帝國的首都維也納吧。」

「對，雖然這場圍城戰因為入冬而失敗，但常備的步兵耶尼切里軍團震撼了歐洲。此事讓皇帝查理五世暫時承認了諸侯的路德派信仰，後來催生出了新教。」

「要是蘇萊曼一世很消極的話，宗教改革或許就不會成功呢。」

「在這之後，他跟法國結盟打壓神聖羅馬帝國，也介入歐洲的政治情勢。

至於亞洲方面，他消滅了薩法維王朝，取得了伊拉克和亞塞拜然的領土。」

「薩法維王朝 先讓我看一下地圖……是伊朗的王朝啊。」

「這個王朝是信仰什葉派。」

「什葉派是伊斯蘭教的宗派對吧。」

「沒錯。這個宗派只承認阿里的血脈才有資格成為哈里發。鄂圖曼帝國大多是遜尼派，所以跟什葉派的薩法維王朝發生嚴重衝突。直到蘇萊曼一世的時期，鄂圖曼才對伊朗占了優勢。

我們也來看看海上的情況。蘇萊曼也擴張了海軍，在地中海一帶的普雷韋扎海戰中，擊敗了西班牙和威尼斯的聯合艦隊，掌控了周邊的海域。而在15世紀後期以後，葡萄牙勢力延伸到了印度洋，蘇萊曼為了對抗他們而掌控了葉門，死守波斯灣和紅海的制海權。」

「鄂圖曼帝國是以土耳其人為主的國家吧，明明以前是在歐亞大陸過著遊牧生活，最後卻連海洋都稱霸了嗎。」

「這個發展實在令人感慨對吧。」

「蘇萊曼在內政上被稱作『立法者』，**整頓了帝國的行政機構**。」

「我一直在想，整頓行政機構到底是什麼意思啊。世界史課本上經常有類似的描述，但老實說我看不太懂。」

「說的也是……行政機構就是指徵稅和分配的機制，蘇萊曼一世實施了稅務調查，確認各個地方應當繳納的稅額，建立了明確的租稅體系。還有就是貨幣的鑄造。只要金錢確實流通，稅收就會穩定。除此之外，還有擴大帝國統治的州縣，減少徵稅模糊的地區。」

「做了這些事，難道不會引起原本在自己的領土上爽爽過日子的地方領主反抗嗎？」

「**這部分就可以展現出名君的管理手腕**了，有時需要嚴格、有時需要懷柔，重要的就是拿捏分寸。」

5 蘇萊曼一世的晚年及後續的鄂圖曼帝國

「老師，我在學世界史時一直都**不太清楚各個人物的人品，該說是沒有頭緒嗎，就是對他們沒什麼感覺**。像是蘇萊曼一世到底是什麼樣的人？」

「小羊，你會怎麼判斷一個人的人品呢？」

「那要實際跟對方講過話才會知道欸，例如去咖啡廳聊一下之類的。可是我又見不到蘇萊曼他們這些歷史人物……所以只能靠他身邊的人對他的評價吧。」

「你不覺得身邊的評價比想像中的還不可靠嗎？」

「確實，實際見面後可能會跟聽說的完全不一樣，而且君主的評價都會帶有政治上的偏見吧。所以是要實際閱讀他寫下的東西嗎……像現在只要看一個人在社群網站上怎麼發言，就能大致了解他是怎樣的人吧。」

「蘇萊曼一世是個會創作詩詞的教養人士喔，如果你有興趣的話，可以去圖書館找來看看。他對文藝熱愛到，連在後宮與寵妃互動時也能當場吟詩。」

「那他晚年生活過得怎麼樣？」

「蘇萊曼的晚年開始蒙上陣陣陰影。他排除眾多寵妃，將奴隸出身的許蕾姆立為皇后，因此兒子們的政治鬥爭才會那麼激烈。」

「總覺得歷史上很多人物都是因為娶了新皇后，國家就跟著垮

了,像是唐玄宗。」

「俗話說『英雄難過美人關』嘛。蘇萊曼以反叛罪處死了幾個兒子,妻子早他一步離世,他的晚年就是不斷承受家庭問題的煎熬。

最後,蘇萊曼一世在遠征匈牙利的時候病逝,享年72歲。」

「原來如此,雖然蘇萊曼一世人生的最後有點暗淡,不過我已經清楚了解他的治世了。請問老師,那他造就出全盛時期的主因確切來說是什麼呢?」

「這個嘛,當然蘇萊曼一世的統治能力十分出色,領袖魅力也無庸置疑,還有就是……**運氣!**」

「運氣!」

「鄂圖曼帝國在選擇皇帝繼承人時,大抵都會有幾位人選爭得腥風血雨。但是在蘇萊曼一世繼位時卻出乎意料沒有發生這種情況,很順利就即位成為蘇丹。此外還有個很大的因素,就是下屬個個都很忠心吧,有傑出的宰相和將軍輔佐在側。」

「君主**也需要具備識人的慧眼**呢。

那在他死後,鄂圖曼帝國怎麼樣了呢?」

「長遠來看,帝國是逐漸走下坡。例如蘇萊曼擴編了常備的步兵耶尼切里軍團,結果導致他們的勢力崛起。而軍事上,在他去世後,薩法維王朝奪占了伊拉克和亞塞拜然,帝國的領土明顯縮小了。

不過,此後直到17世紀末這100年間,鄂圖曼帝國大致還能維持現有的勢力。畢竟這是蘇萊曼一世締造的成就啊,他的內外政策都能代代傳承下去。」

第3章 近代

康熙皇帝
清朝全盛時期出現的賢君！

方向指標

- 了解女真人的歷史
- 認識大清的擴張與統治中國的過程
- 統整康熙皇帝對內與對外的政策

「海豚，你知道中國在位時間最長的皇帝是誰嗎？」

「其實我不知道，但既然這次要講的是康熙皇帝，所以答案就是他了吧。」

「啊……嗯，說的也是……」

「我覺得漢武帝和唐太宗在位的時間就很長了，想不到康熙皇帝更久。」

「他的在位期間是1661年到1722年，總共當了61年皇帝，是**中國屈指可數的名君**。不過，在談康熙皇帝以前，必須先深入了解『清』這個國家。這次我們也從背景開始解析吧。」

1 中國與北方民族

「老師，我一直在想，你上課講的內容都是預設我們有多少知識呢？我之前上了成吉思汗那堂課，所以多多少少可以了解北方民族干涉中國的前因後果，這次的大清也能用這種方式來想像。但如果是沒有學過世界史的人，或是只有學過一點皮毛的人，應該根本不知道大清是什麼國家吧。」

「你問得很有意思。這個嘛，僅限於上課的話，我講的內容都會預設大家之前每堂課都有出席。如果是康熙皇帝，我一定會講到大清的崛起和對中國的統治，所以我想各位應該都能理解整個過程。但是

137

更多背景和原理⋯⋯我就會看學生的表情來判斷要不要補充說明。」

「如果學生的反應是『⋯⋯嗯？』老師就會補充嗎。」

「沒錯。」

「原來是臨機應變啊，那我下次會記得要露出『⋯⋯老師，我聽不太懂』的表情的。」

「唔⋯⋯不知道來不來得及在下課前講完。

我們就趕快來看看康熙皇帝吧。海豚，請問你知道建立大清的是什麼民族嗎？」

「呃，『⋯⋯嗯？』」

「你明明就知道吧，別裝傻！」

「抱歉，答案是女真人。他們是通古斯民族，原本住在中國的東北對吧。」

「答得好！ **女真原本是在中國東北地區過著半農半獵的生活**。」

「他們是北方民族，卻不是過遊牧生活嗎？」

「他們有各種生活型態。蒙古人雖然是騎馬遊牧民族，但商業也很盛行，在靠近中國的地區還會務農。藏族則是以西域為中心，在歐亞大陸中部從事中繼貿易。」

「話說藏族在中國看來，是西方的居民吧。」

「可能北方民族這個詞本身意思就很含糊，中國是一律將他們稱作『塞外民族』。

女真人最早是以狩獵和遊牧為生，但還滿早就引進了農耕、熟悉漢族的風俗習慣了。」

「文化融合了呢。」

「他們在 12 世紀建立了『金』，拓展勢力。」

「拓展勢力⋯⋯北方民族擴張的重點是什麼呢？」

「這就要提到蒙古人了，你還記得成吉思汗統一高原的理由嗎？」

「哇，被反問了。我想想，是領導能力⋯⋯還有統治體系吧。他建立了千戶制，也就是**能順利統率遊牧民族的制度**。」

「沒錯。

女真人也有這種制度，稱作猛安謀克。這是將北方民族分類成行政單位，再各別召集軍隊的制度。」

「就是建立明確的租稅體系，同時維持兵力對吧。」

2 女真的金朝

「後來金朝消滅了中國的北宋。

這裡我要再問你一個問題，金朝消滅北宋的原因是什麼？」

「唔⋯⋯老師愈問愈深了，這個要解釋很多欸。

是因為想要控制生產效率高的農耕地帶嗎⋯⋯？」

「極端來說是這樣。但是根本的原因硬要說的話，就在於當時的背景。更深入來說，**北宋沒有對金朝付出相應的代價**。北宋請求金朝幫忙打敗另一個北方民族國家『遼』，卻沒有給予任何回報，因為北宋有財政困境。金朝一氣之下攻進北宋的首都開封，把當時的太上皇跟皇帝押到了金朝。」

「這是靖康之變，發生在12世紀上半葉吧。」

「北宋滅亡後，宋朝的皇族逃到長江流域、建立了南宋，後來與金朝簽訂和議，當時**南宋向金朝稱臣**。」

「他們跟女真人建立君臣關係嗎？」

「對，金朝是君，南宋是臣。

漢族原本是跟周邊異族建立以中國為宗主的君臣關係，要求他們朝貢對吧？這有十分明確的上下關係。但這次主從關係卻完全反轉，**撼動了漢族的中國中心主義**。」

「金這個朝代，在中國的歷史上也是很重要的異族王朝呢。」

圖3-8　金與南宋

「在這之後，金朝統治了華北。海豚，請問讓北方民族控制農耕地帶會怎麼樣？」

「需要有官僚制度才能統治，所以女真人逐漸漢化了吧。但這樣好像會削弱他們的軍事力量。」

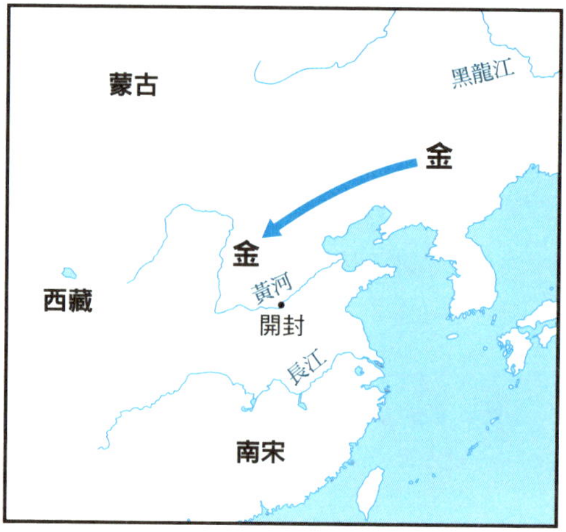

「說的沒錯。金朝在13世紀被蒙古征服而滅亡。後來到了明朝，女真人也間接受到中國的統治。」

3 滿洲的崛起與清朝

「女真人在明朝的統治下，各個部族分別自治。」

「被明朝統治還能自治，這是怎麼一回事？」

「問得好。

在世界史上**統治異族是永遠的課題**，因為無法向他們徵收到充足的稅金。」

「民族不同，語言和風俗習慣也不同，所以必定會引起異族反抗對嗎。」

「沒錯，就是這樣。所以統一王朝就算構思了各種制度，極端來說只能（ i ）透過高壓統治實施中央集權、（ ii ）允許異族自治，選擇其中一種作法。」

「統一了古代近東的亞述,就是對異族實行高壓統治還有課徵重稅,結果引起各地起義反抗而滅亡對吧。那(ii)的寬容統治是最好的辦法了吧。」

「但還是要依狀況而定。並不是高壓統治就不好,在某些情況下必須要動用武力才能收拾局面,況且過度寬容的統治也會讓各地的有力人士開始恣意妄為,還是可能會造成帝國滅亡。」

「這個分寸不會很難拿捏嗎?」

「沒錯。所以有一種政策叫作羈縻,**歷代中國王朝允許異族擁有某種程度的自治權,同時由中央政府監督**。」

「這是打算結合高壓和寬容統治吧。」

~~~~~~~~~~

「但是這個平衡狀態,到17世紀就毀了。

女真人在這個時候開始自稱為『滿洲』,在努爾哈赤的領導下逐漸壯大勢力後,**在1616年成功統一滿洲族**。他建立了名為八旗的軍事、行政制度,維持社會秩序。八旗是將全軍分成八個旗色,組成軍團,所有滿洲族的成年男子都是隸屬於八旗的旗人,統治狩獵、畜牧民族並獲封領地,同時也經營農地。」

「是同時從事農耕的女真人特有的制度啊。」

「到了皇太極統治的時期,**國號定為『大清』**。當時是1636年。他征服了朝鮮,也控制了內蒙古,勢力開始逼近中國。」

「老師,女真人曾經一度沒落、被蒙古和中國統治對吧,可是我不能理解為什麼他們會在17世紀突然復活。應該不只是因為滿洲族的勢力壯大而已吧。」

「這個嘛,17世紀是氣候寒化的時期,所以北方民族南下的趨勢才會加劇。而且,明朝從以前就飽受北虜南倭,也就是蒙古遊牧民族

和日本倭寇等外敵侵略，國力已經逐漸衰退。女真崛起大概也包含這種相對、複合的因素。

於是，大清就入侵中國了。

明朝在農民發起的李自成之亂中滅亡，**大清趁亂南下，從1644年開始統治中國**。」

4 康熙皇帝的治世

「康熙皇帝在1661年，年僅8歲就登基。」

「畢竟康熙皇帝他在位61年，那麼小就登基也很合理。但是年紀真的好小啊。」

「當然他剛登基時有滿洲貴族攝政，不過在他長大成為聰慧的青年後，16歲就開始親政了。

我們就從他的內政開始說起吧。海豚，請問滿洲族統治中國時會遇到什麼問題呢？」

「漢族會反抗，因為他們不能接受異族的統治。」

「沒錯。所以**滿人就採取懷柔和高壓並用的政策來統治漢族**。」

「是糖果和鞭子啊。」

「例如滿漢併用制，任命相同人數的滿人與漢人擔任重要官職。保有儒學的傳統，也繼續舉行科舉考試，逐漸融合漢族。

另一方面，男子會強制留髮髻。髮髻就是將後面的部分頭髮編成辮子的滿人習俗，漢族也被強迫留這種髮型。此外還有禁書令，這些都是高壓政策。」

「那漢族一定也有發動武裝起義吧。」

「漢族以雲南地區為中心起義，稱作三藩之亂。主謀吳三桂將軍在大清入侵中國時，背叛明朝引滿人入關進入北京，但後來卻遭到冷

落。因此他起兵叛亂，被康熙皇帝鎮壓。

另外還有一名將軍叫作鄭成功，他高呼反清復明的口號、逃到台灣對抗清國，稱作明鄭治台。」

「也就是說他主張『明朝才是中國王朝，絕不屈服大清！』而反抗清朝吧，真有忠義精神。」

「鄭成功去世後，後代仍持續抗爭，但終究還是被康熙皇帝平定，從此以後台灣就由大清管轄。」

～～～～～～～～～～～～～～～～

「財政方面，康熙廢除了人頭稅，減輕人民的稅金負擔。」

「提到稅制，調整徵收的稅額不是很難嗎，降低稅率會讓國庫的收入減少吧？」

「只要節省政務上無用的開銷，就能達到收支平衡了。康熙整肅了過去把持政治的宦官紀律，另外也利用運河整頓物流網路，活化了經濟。」

「**只要經濟好，稅收自然就會增加**吧。」

「對，就是這樣。世界史上經常有人採取提高稅率來彌補支出這個糟糕的方法呢。

康熙熱愛學術和文藝，將漢字體系化，下令編纂《康熙字典》和百科全書《古今圖書集成》。從歷史上來看，有學術熱忱的君主，通常都比較不會實施暴政。」

「為什麼啊？」

「嗯，應該是因為**只要博學多聞，就能為事物整理出體系、從多種角度來觀察**吧。」

「原來如此，那我今天打算在念完世界史後來念數學。」

「海豚，就是要這樣保持下去！

此外，康熙也對西方的學問很有興趣，還禮遇耶穌會修士。他們為了傳教來到大清，但也將西方的學問和技術帶進了中國。

　第一個在中國製作實測地圖的是法國人白晉，他對康熙皇帝的評價是『具有美德和蓬勃的精神』，意思就是完美幹練的君主。」

「那康熙皇帝的對外政策是什麼呢。」

「他也將領土拓展得非常大，併吞了相當於現在蒙古國的外蒙古，以及西藏。」

5 全盛時期的清朝及其後續

「他還有另一個重要的事蹟……就是在1689年跟俄羅斯簽訂尼布楚條約，劃定了國界。俄羅斯從17世紀到18世紀一直從西伯利亞往東進，最終抵達阿拉斯加，後來又企圖南下，結果與清朝發生衝突。」

「俄羅斯追求不凍港的南下政策很有名呢。」

「對，所以他們才劃定了國界。這個部分我們就來看地圖吧（下一頁，圖3-9）。」

「呃，老師，當時的中國有國界的概念嗎？」

「你問得非常好，但這個說來話長。啊……你露出了很明顯的疑惑表情喔。」

「呵呵，麻煩老師補充說明了。」

「首先，**中國是由（i）中央政府直轄地、（ii）允許周邊民族自治的藩部、（iii）向中國朝貢獲得冊封的屬國，這三個部分所構成。**」

「那時候是中國中心主義對吧。我不太懂這個思想當中有沒有國界的概念。」

「沒錯，國界是主權國家之間的概念，是地位對等的國家在彼此的領域交界處劃定的界線。但是，根據中國中心主義，中國並不承認

圖3-9　康熙皇帝時期的勢力圖

準噶爾汗國
喀爾喀
察哈爾部
滿洲
回部
青海
西藏
雲南

鄰國是對等的國家，所以國界和領土的概念很薄弱。」

「那尼布楚條約是不是違反中國中心主義的原則啊。」

「深入來說的話是這樣沒錯。當然，大清的國力在17世紀下半葉還很強大，所以這個條約決定的國界對中國十分有利。但是，劃定國界、承認彼此的權利，就代表雙方都是主權國家。雖然大清只是將俄羅斯當作其中一個朝貢國。

19世紀，西歐各國之所以陸續進駐清國，從這裡就可以看出端倪了吧。」

「可是，清朝在康熙皇帝之後依然鼎盛對吧。」

「沒錯，繼康熙之後還有雍正、乾隆這些名君。」

「在世界史上，**能幹的君主通常都有個笨兒子**不是嗎。」
「你講得太犀利了！」

「像羅馬帝國的五賢帝，都是將能幹的下屬當作養子吧。清朝有那種作法嗎？」

「康熙皇帝有超過30個兒子，這麼多人裡總會出現具備帝王資質

145

的人,不過依然因為繼承問題發生紛爭。」

「真辛苦呢。」

「起初立為皇太子的次子素行不良,所以康熙就廢了他,但後續依然不斷發生爭奪皇位的紛爭。結果康熙遲遲未立皇太子,直到臨終之際才指名第四個兒子繼位,從此奠定了在遺言中指名皇太子的這項制度。」

「遺言……這樣感覺會引起很多陰謀啊。」

「這叫作『祕密建儲制』。後來繼位的雍正皇帝也沒有在統治期間揭露皇太子的身分,將繼承人的名字密封在正殿的匾額背後,死後才公諸於世。清朝一直都維持這個制度,所以不容易出現昏君。」

「但世界史的常理,不就是在全盛時期的君主之後國力逐漸衰退嗎。但是在康熙皇帝之後,清朝依然維持全盛,代表他是真正了不起的君主呢。」

「總之在18世紀以前,清朝一直都非常繁榮興盛,因為有康熙皇帝奠定了基礎。

但是到了19世紀,西歐各國紛紛入侵,清朝幾乎淪為列強的殖民地。

這個部分說來話長,下次有機會再談吧。」

第3章 近代

路易十四
波旁王朝專制君主制全盛期的國王！

方向指標

- 了解歐洲主權國家成立的過程
- 掌握專制君主制出現的原委
- 了解路易十四的遠征及失敗

「小羊，你頭上戴的是什麼？」

「奧斯卡的假髮啊。不是有部漫畫叫作《凡爾賽玫瑰》嗎，我下禮拜就要去看它改編的歌劇。」

「哦，那個男裝佳麗的故事啊……看歌劇真是個不錯的嗜好呢。路易十四的確是建造了凡爾賽宮，但《凡爾賽玫瑰》的背景是法國大革命喔，要晚了約1世紀。」

「安德烈！」

「……好了，反正這次要講的是路易十四。」

1 何謂主權

「小羊，你對路易十四有什麼印象？」

「奢華的暴君！凡爾賽宮也表現出他的特性，他還誇口說『朕即國家』對吧。感覺他是個華麗又奢侈的獨裁者。」

「為什麼他會給人這種印象呢？」

「因為他是國王啊。」

「國王就一定是奢華的暴君嗎？」

「嗯，你這樣說害我都沒信心了。一個國王是不是暴君，與其說是個人的資質，應該也有其他因素吧。」

『路易十四是暴君』的印象，就源自於主權國家這個體系。」

147

「主權國家這個詞感覺有點難欸,話說『主權』到底是什麼啊?」

「問得好。學習歷史,最好要事先確認這種專有名詞的定義喔,一定要查字典。」

「蛤,要查字典喔 我很怕查字典,因為就算查到也看不懂⋯⋯還很麻煩。但既然老師都這麼說了,我會老實去查啦。國語辭典裡說,主權是

(1)統治國民及領土的國家權力。統治權。

(2)國家不受他國干涉、能獨力決策的權力。國家主權。

(3)對國家政治的最終決定權力。

看吧,跟我想的一樣! 就算查了字典也看不懂。」

「的確,尤其是有定義的詞語說明,都會寫得很死板抽象。」

「對啊,明明這些說明字面長得那麼艱澀,看完的感覺卻很模糊。跟沒看一樣!

話說,(1)的統治權是指什麼啊?統治就是控制一般大眾,所以原理上政府才會實施『財富的集約和分配』,嗯,那就代表(1)所謂的**國家權力和統治權,意思就是『徵稅和分配』的權限,可以實行在國民和領土上**嗎?

嗯?主權就是這麼一回事吧。」

「小羊! 就是這樣沒錯。

統治權的定義是『徵稅和分配』,還有其他各種功能,不過在這裡我們依循世界史的理論來看就好。

『主權』是指(1)擁有在領內徵稅和分配的權力、(2)不受其他國家干涉、(3)能夠決定徵稅・分配的內容。

現代日本也是主權國家(圖3-10),**在領域內實行一致的統**

治,不管住在哪個地區都是一樣的稅額,都能得到同樣的公共服務,適用的法律也一樣,而且不會被其他國家干涉。」

「我們看不懂字典,是因為詞語的定義太模糊嗎。」

「沒錯。確認詞語的定義、了解內容,之後再試著用自己的說法摘要,這也很重要喔。」

「看不懂課本,可能也跟看不懂字典是一樣的道理。」

「主權的拉丁語是『superanus』,意思是『在上面(super)的人(anus)』,正好可以用階級結構來說明。這個詞翻譯成『主權』總會讓人聯想到『權力』,才會令人困惑吧。」

圖3-10 主權國家示意圖

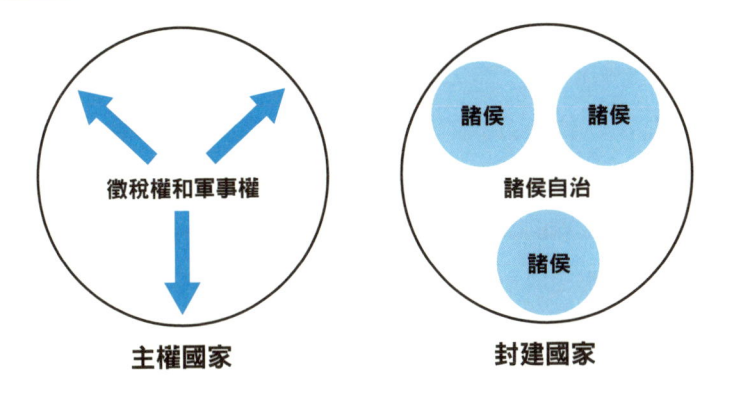

徵稅權和軍事權 → 主權國家

諸侯自治(諸侯、諸侯、諸侯)→ 封建國家

2 主權國家的成立

「小羊，你還記得中世紀歐洲的封建體制是什麼嗎。」

「我記得，是**君主和地方的有力人士透過封地、兵役、土地的關係成立的地方分權制度**。我在聖女貞德那堂課上學到的，哼哼。」

「沒錯，這個時代的國家並不算是主權國家對吧。

在中世紀，是由地方領主評估決定領內的稅率和法律。國家並沒有決策權。法國和英國都一樣，日本的江戶時代也是吧？」

「如果地區不同的話，例如薩摩藩和津輕藩，年貢的比例和刑罰的內容都會不一樣吧。」

「但是在15世紀時，從近代開始，西歐各國逐漸顯露出主權國家的樣貌，會在領域內一律行使相同的主權。」

「為什麼會這樣呢？」

「因為在十字軍和百年戰爭時，**領主階層沒落了**。軍事行動一旦拉長，從軍的騎士勢力就會衰弱。因為在遠征期間，自家領地會荒廢。此外還有火藥的問世讓戰術產生了變化，也是其中一個因素。戰場上已經不再需要騎士了。還有……在大航海時代，商業貿易興盛以後，西歐物價隨之上漲，但領主階層拿到的固定地租依然不變。這多種因素結合起來，導致領主逐漸沒落。

除此之外，教會的腐敗和路德的宗教改革，使得羅馬教宗的權威掃地。由於身為國王眼中釘的教宗地位低落……」

「國王的權力就得以提高了對吧。」

「在法國，打贏百年戰爭的查理七世整頓了官僚制度和常備軍。話說回來，這在聖女貞德那堂課就已經講過了吧，總之就是先定義成

『**主權即徵稅權和軍事權**』，透過官僚體制確實徵收財富，藉此運用常備軍的軍事力量。」

「我還記得那個時候我有點疑惑這樣定義真的可以嗎，不過這次我能理解了。」

「主權其實還有其他很多機能，不過我就直接說了。立法權、行政權、外交權，這些全都可以靠軍事力量來掌握。」

「哇，這個想法有點危險喔。」

「軍事凌駕一切，確實是危險的思想呢。不過只要學了世界史，應該就能接受這個說法吧？軍事力量給人的印象是只會用在與國外戰爭，但是為了維護國內秩序，例如遇到拒絕繳稅的人、破壞紀律的人，也都能夠發揮抑制的威力。」

「嗯嗯，主權國家就是在領域內行使平等的徵稅權和軍事權，為此需要整頓官僚制和常備軍，這樣理解可以嗎？」

「沒問題！」

3 專制君主制

「老師，我已經大致了解主權國家是什麼了，但是還看不出這跟路易十四有什麼關聯欸……」

「接著才要進入正題！接下來的主題是**專制君主制**。

小羊，請問主權國家會遇到什麼問題呢？」

「主權國家會在領域內實行一致的統治對吧。」

「嗯，它們當然不可能突然變成主權國家，是慢慢轉變而成的。」

「既然如此，地方的有力人士會反抗吧，因為他們過去已經統治領地很久了。還有一般大眾也會排斥，覺得國家憑什麼向我們徵稅有什麼正當性⁉之類的。」

151

「沒錯，所以就出現了君主專制的思想。**賦予君主絕對的權力，以維持中央集權**。這是大約從1500年開始明確出現的思想，而法國的波旁王朝就是君主專制的巔峰。」

「國王擁有至高無上的力量和光環，要是反抗他的統治主權就會很慘，是這個意思嗎？」

「對對對，力量和光環這兩個詞形容得真好。就是**賦予國王絕對的權力，鞏固他在領域內一致的統治**。」

「是誰賦予這種權力的啊？」

「你聽過君權神授說吧，他們認為**國王的權力是由神賜予的**，藉此將君主專制正當化。」

「嗯？等一下，神賜予國王權力，這跟中世紀一模一樣吧。查理大帝加冕就是由神賜予權力。」

「你很敏銳喔。在中世紀時代，教宗的權威高於國王，所以神的權威是透過教宗授予國王。國王的權力前提是要作為天主教會的後盾。但是，教宗的權威變得低落以後，狀況就改變了。」

「原來如此。近代逐漸形成主權國家，國家用一致的方式統治領域，所以採取君主專制，利用君權神授說來支持國家體系。於是，在路易十四的時代迎向君主專制的全盛時期，對吧。」

「說的沒錯，奧斯卡！」

4 「太陽王」路易十四

「路易十四是在1683年，由路易十三和安妮王后生下的孩子。他是父母結婚20多年才誕下的子嗣，所以被稱作『天賜路易』。父親死後，他年僅5歲就即位，由母親擔任攝政，實權則掌握在首席大臣馬薩林手中。馬薩林非常優秀，展現出色的外交手腕。他在三十年戰爭

中參與簽訂西發里亞和約,擴張了領土。這份條約是第一個主權國家之間簽訂的條約,也是世界史考試裡常出的題目喔。」

「『考試會出』這句話真有魔力,我會筆記下來的!」

「不過,在路易十四小時候,反抗王權的貴族起義叛亂,多次將王室家族逼入絕境,史稱投石黨之亂。路易的寢室還曾經遭到敵人闖入,導致他終其一生都對巴黎有陰影。」

「國王還真辛苦,沒事真的不要當。」

「你之前不是還說過想當國王嗎!

1661年,馬薩林去世後,**路易十四開始親政**。親政就是親自執掌政治。有太陽王之稱的他,創造了波旁王朝君主專制的黃金時期。

『朕即國家』這句話很有名對吧。他聘雇的學者鼓吹君權神授說,擴大了王權。內政方面,他任命柯爾貝擔任財政大臣,推行了重商主義。」

「重商主義是什麼啊?」

「就是**國家會介入經濟活動**,不過光是這樣說你應該聽不太懂吧。小羊,請問國家最大的收入來源是什麼呢?」

「是國民的稅金。」

「對,但是光靠這個並不夠。主權國家需要維持官僚制度和常備軍,無論如何都會花錢,所以需要開拓租稅以外的財源。現代國家的收入中『國債』占了很大一部分,而在君主專制時期則是採取重商主義政策。成立政府認可的企業來推動農業、開採貴金屬、經營手工業工廠,引領貿易活動。

在法國,是柯爾貝重建了東印度公司。」

「我聽過東印度公司,原來它是國營企業嗎?」

「是特許企業,各國會成立自己的東印度公司,但它們都會壟斷貿易,並將收益充入國庫。法國就以東印度公司為中心,大幅開拓了殖民地。

此外,法國還大興土木,凡爾賽宮從開工到落成就花了好幾十年,但它豪華到讓各個外國宮殿都相形失色。」

「所以在這之後,**各國都開始模仿法國的宮廷文化**對吧,像我這樣戴假髮之類的,看這髮絲多秀麗。」

「原來你是這樣才會準備假髮的嗎……不過奧斯卡的髮型在當時很罕見,就連路易十四在那幅知名的畫像中也是戴著假髮。」

「凡爾賽宮如此豪華壯麗,更何況還是《凡爾賽玫瑰》的舞台。安德烈!」

「你真的很愛那部作品呢……凡爾賽宮在後續的歷史中也會頻繁出現,所以你一定要參照圖說看看宮殿裡的格局喔。或者說以後一定要親自去參觀。

路易十四在宗教政策上,則是以『神的代理人』身分利用教會。」

「都有羅馬教宗了,他還能做這種事喔?」

「是啊,當然他跟教宗的關係惡化了,但他是根據君權神授說來利用天主教會的組織。」

5 路易十四及其後續

「看了國王這些事蹟,目前還看不出他有什麼暴君的傾向欸。人物的評價是一體兩面,所以他應該也有沒做好的地方吧?」

「課堂上都會強調他**對外侵略戰爭失敗**這方面。他相信戰爭是國王的天職,才會不斷發起征服戰爭。

路易十四為了王位繼承問題侵略尼德蘭南部、為了爭奪海上霸權攻打荷蘭,但沒有什麼斬獲,以失敗收場。他介入了德國的普法爾茨公國繼承問題,進軍到萊茵河,但同樣失敗並歸還占領的領土。

最具代表性的就是西班牙王位繼承戰爭。路易十四打算等到西班牙的哈布斯堡家絕後,讓自己的孫子即位,結果引發周邊各國反對。」

「西班牙要是成為波旁王朝的屬地,國際關係的勢力就會失去平衡吧。」

「對,這件事後續發展成戰爭,結果法國戰敗了。雖然孫子腓力五世依然能夠即位成西班牙國王,但法國不得併吞西班牙,還失去了很多海外領土。

既然提到對外侵略戰爭,我們就來看地圖(圖3-11)確認一下狀況吧。」

「西班牙變成波旁王朝了對吧。」

「之後又經過許多波折,但其實現在的西班牙王國依然是波旁王朝喔。

那麼小羊,請問國家財政上哪方面會花最多錢呢?」

圖3-11 路易十四的對外侵略戰爭

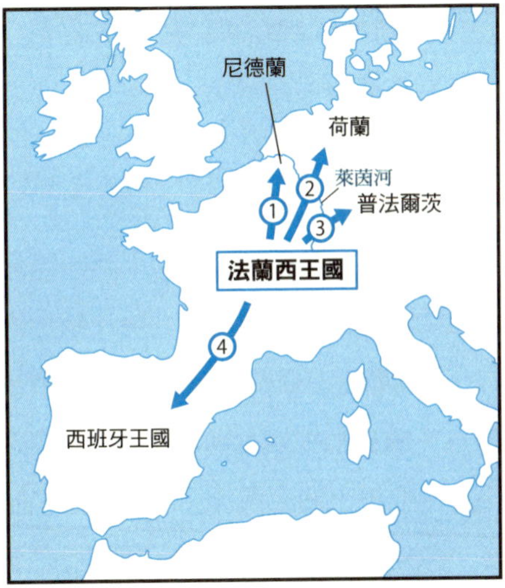

155

「軍事吧。常備士兵、儲備武器感覺很花錢！」

「對，沒有錯。軍事支出占了國家財政的大部分。法國又不斷發起對外戰爭，所以陷入財政困境。」

「而且宮廷裡的人還過得那麼奢侈，讓財政更加緊迫了吧。」

「在路易十四治世末期，國家其實已經破產了。不論古今中外，國家都是因為軍事支出的負擔而衰敗，漢朝和羅馬帝國的衰亡都是起因於軍事支出。

此外，路易十四是以天主教為中心推行宗教政策，因此打壓胡格諾派。」

「胡格諾……等一下喔。宗教改革以後，除了路德派以外，還有喀爾文教派傳播，吸引了工商業者信奉對吧。喀爾文教派的信徒在各地的稱呼都不同，在英格蘭稱作清教徒……那在法國……就是胡格諾派對吧！我可以考滿分了。」

「大批胡格諾派流亡到國外，導致法國經濟停擺。法國的國家財政在路易十四的時期惡化，社會也愈來愈疲乏。國民日漸貧窮，才會怨恨王室。

這個情形延續到路易十五和路易十六的時代，最終**在18世紀末引發法國大革命**。」

「原來是這樣啊，路易十四的時代雖然是君主專制的全盛時期，但也明顯透露出衰退的徵兆呢。那他的人品怎麼樣呢？」

「相傳他十分有威嚴、散發出領袖魅力，但傲慢任性也是不爭的事實。他在私生活方面也生了好幾個兒子，似乎各方面都勞心傷神。不過，他每天的生活作息非常規律，展現出自律的性格。

但是人民相當厭惡他。因為他的對外政策和奢華的生活，害人民

的生活愈來愈窮苦。路易十四駕崩時，民眾甚至還高興得歡呼。」

「真令人難過。

老師，我在學世界史的人物時曾經想過一件事，**若同樣的遭遇換成是另一個人，歷史還是會重演**嗎？例如這次的路易十四，因為有主權國家和君主專制構成的背景，路易十四才會出現，但我很懷疑是不是換成別人來，也一樣會信奉君權神授說、對外發動侵略戰爭。」

「……也就是說。歷史的動向是不是與個人無關，而是各種因素反應造成同樣的結果？你的意思是這樣吧。」

「嗯，我覺得這之中應該有某些規則可循吧。」

「我知道你想說什麼。但這不像化學反應一樣可以透過對照實驗來證明，所以歷史的發展能確認到什麼地步，我也沒什麼信心。

其實，有個學說主張君主專制的王權只是『虛有其表』，實際執政的是中間團體，稱作社團，各地的神職人員和貴族都是中央集權的爪牙，為了順利行使徵集財富的權力才會利用王權，所以國王的權力都是『虛有其表』。」

「意思是指**國王是這個結構的一環**嗎？」

「對，在這個結構當中，社會階層愈高的人，愈能憑特權身分累積財富，這個解釋**與法國大革命之後的歷史發展並不會互相抵觸**。」

「這麼一想，對路易十四的評價就會有新的觀點了呢。這次上課也讓我思考了很多，謝謝老師。」

「是說，你那頂假髮要戴到什麼時候啊⋯⋯」

圖3-12　凡爾賽宮的鏡廳

п4章

近現代

近現代年表

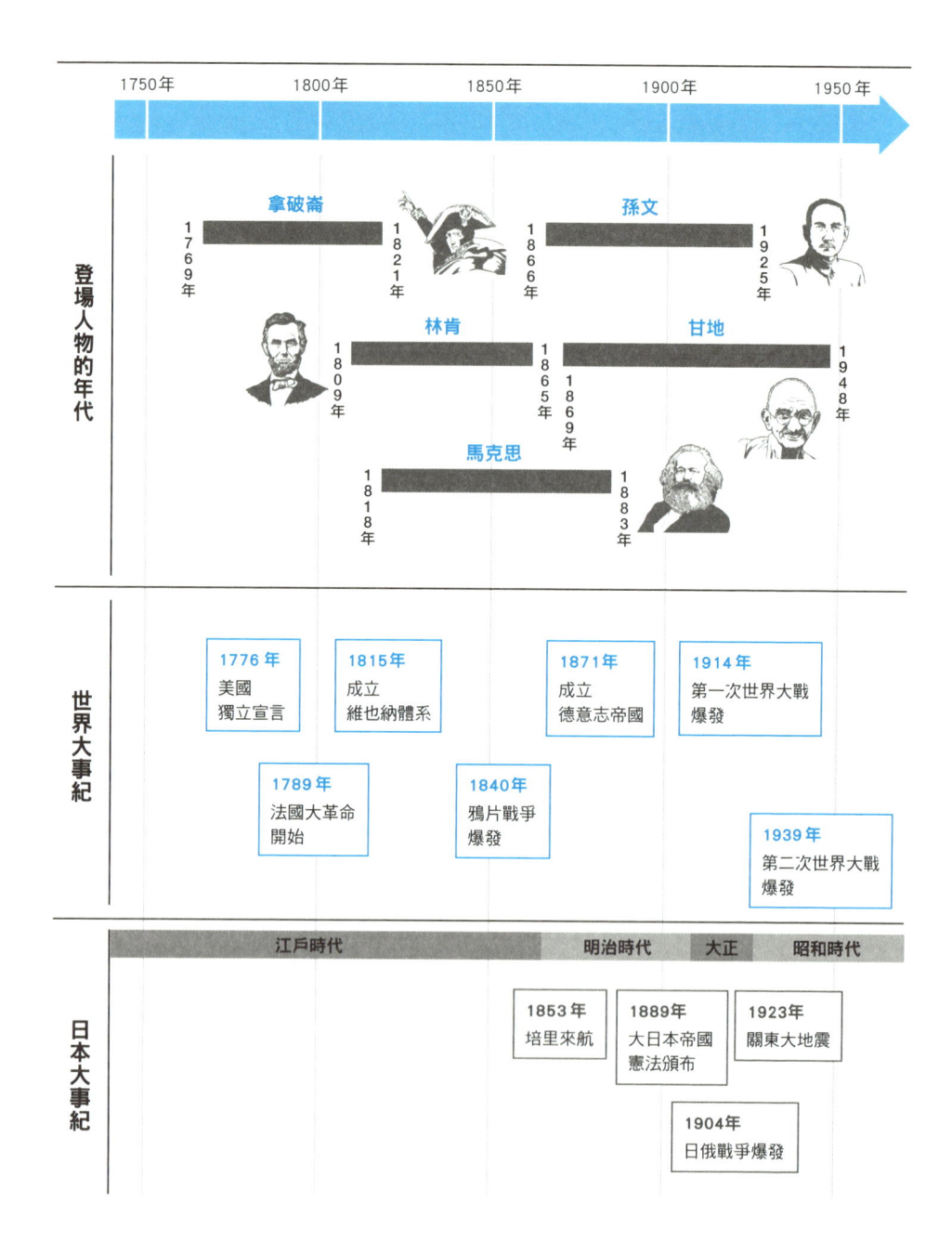

登場人物的年代

- 拿破崙 1769年－1821年
- 林肯 1809年－1865年
- 馬克思 1818年－1883年
- 孫文 1866年－1925年
- 甘地 1869年－1948年

世界大事紀

- 1776年 美國獨立宣言
- 1789年 法國大革命開始
- 1815年 成立維也納體系
- 1840年 鴉片戰爭爆發
- 1871年 成立德意志帝國
- 1914年 第一次世界大戰爆發
- 1939年 第二次世界大戰爆發

日本大事紀

江戶時代　明治時代　大正　昭和時代

- 1853年 培里來航
- 1889年 大日本帝國憲法頒布
- 1904年 日俄戰爭爆發
- 1923年 關東大地震

第4章 近現代

拿破崙
終結法國大革命、登基為皇帝！

方向指標

- 大致了解法國大革命的過程
- 彙整拿破崙對內與對外的政策
- 拿破崙在歷史上代表的意義

「海豚，糟糕了，這次要講拿破崙⋯⋯」

「有那麼嚴重嗎!?」

「畢竟他很有名啊，沒有人不認識他吧。」

「感覺連我家的三花貓都認識他。但我不太清楚拿破崙的實際情況，他到底為什麼那麼偉大啊。」

「對，他就是個必須從歷史的脈絡下手才能理解的人物。不過，他崛起的背景包括了法國大革命，又是段讓人摸不著頭緒、不容易理解的歷史對吧。」

「這樣啊，那就可以看出世界史老師的講課功力了。」

「呃⋯⋯我會努力。你上課有學過這個主題嗎？」

「我大概學過，知道法國大革命到拿破崙時代的歷史名詞，但好像沒有靈活地掌握知識，總覺得還是一知半解，不知道是不是因為沒有按照時間順序建立體系的關係⋯⋯」

「真是完整的自我分析⋯⋯那我們就來學法國大革命以後的歷史、深入理解拿破崙吧。」

1 法國的矛盾

「海豚，你會怎麼簡潔說明法國大革命呢？」

「嗯，這個好難喔。那麼長的歷史要簡單來說的話⋯⋯

161

『從君主制變成共和制』,怎麼樣?」

「說得真好,應該沒辦法更精簡了吧。法國大革命的宗旨加上拿破崙的歷史,可以摘要如下。

『**法國在革命後從君主制變成共和制,但革命政府不穩定,拿破崙因此崛起、建立帝制並統治歐洲,引起各國反抗而失勢**』。」

「好長喔。」

「才沒有,這已經夠短了! 總之**拿破崙的故事都只聚焦在這段摘要的後半段,忽略了前半**對吧,所以大家才搞不清楚。我就先從法國大革命開始談起吧。」

「當時的法國是**舊制度**(圖4-1)色彩非常濃厚的國家。身分的第一等級是神職人員,第二等級是貴族,以上都是特權階級,負責統治第三等級的平民。**法國大革命,就是第三等級的平民們要推翻特權階級的局面。**」

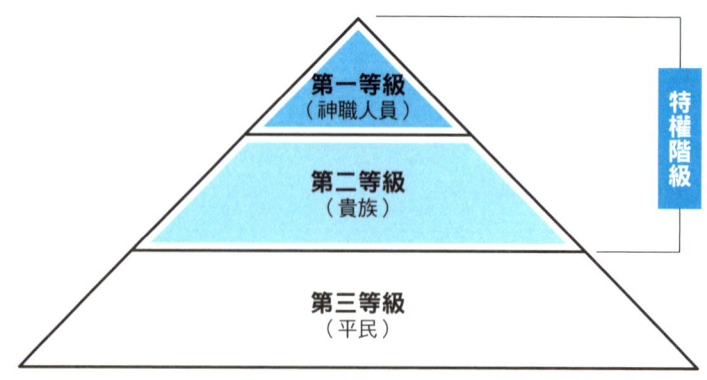

圖4-1　舊制度的結構

```
            第一等級
           (神職人員)
                              ┐
          第二等級              │ 特權階級
          (貴族)               ┘

            第三等級
            (平民)
```

「我能理解平民對特權階級不滿,但他們到底是哪裡不滿呢。」

「是因為**免稅特權**。在世界史中若是提到統治階層的既得權益,那就是指免稅權。日本江戶時代的武士特權是『格殺勿論』,這個權利的本質就相當於免繳稅。」

「現代社會也是一樣嗎?」

「嗯⋯⋯這個問題很難回答。

波旁王朝一直對外發動戰爭,所以軍事支出龐大,財政匱乏。」

「已經沒辦法從第三階級身上徵到稅了吧,感覺是不是必須向特權階級課稅了。」

「沒錯。當時的財政總監尼克,建議國王路易十六向特權階級課稅,但國王擔心上流人士反抗而未能下定決心課稅,只好召開已經很久未再召開的三級會議,討論課稅問題。」

「在爭論要是特權階級反對的話該怎麼辦吧。」

「對,身分之間的對立導致三級會議破局,怒不可遏的**第三等級集結成立了新的議會,叫作國民會議**,並且宣稱『在制定憲法以前咱毋甘願!』」

「為什麼變成這種語氣啊?」

2 法國大革命爆發

「老師,那時法國大革命還沒開始吧。」

「是啊。國民議會是在凡爾賽宮成立。大眾集結在宮內的網球廳,宣誓在憲法制訂以前絕不解散。」

「然後這股浪潮就擴散到了巴黎。」

「原本建議只能向特權階級課稅的尼克遭到罷免,巴黎人民群起激憤。人民要是發起暴動就糟糕了,於是路易十六的親信就派軍隊進

163

駐巴黎。」

「這不是火上加油嗎。」

「害怕國王軍鎮壓的人民便進攻巴士底獄，**1789年7月14日，法國大革命終於爆發**。」

「巴士底獄的部分我知道，但之後的過程總覺得有點模糊，後來大家到底都做了些什麼啊？」

「國民議會的主張就是制訂憲法、推翻舊體制。但是，人民和農民的認知卻不一樣。

假設海豚你是當時的法國農民，當巴黎發生革命的時候，那個當下你會怎麼做呢？」

「嗯，會擔心受到暴動波及，所以會儲備農作物以防萬一。或是把握機會。乘著革命的浪潮推翻領主吧。」

「對，就是這樣！ 這就稱作『大恐慌』，意思是農民引起的動亂。

暴動擴散到各地、農民囤積作物，社會動盪不安。物價也開始大幅上漲。」

「意料之外的狀況呢。」

「因此，**國民議會宣布『廢除封建特權』**。向人民宣稱要更改舊制度、廢除領主制和教會的稅收，請大家先冷靜一點。」

「難道人權宣言也是為了安撫民眾的暴動嗎？」

「對，著名的法國人權宣言也是一樣。既然都發生暴動了，那就**只能向國內外宣布革命的正當性**了，否則沒辦法樹立榜樣。所以，這份宣言才會用冠冕堂皇的詞語寫成，例如『決定在一個莊嚴的宣言裡面，闡明人類自然的、不可讓渡的與神聖的權利』之類的。」

「這樣反而看不太懂它在講什麼欸。」

「之後，王室家族依然安住在凡爾賽宮裡，彷彿改革與他們無關，於是以婦女為首的巴黎人民便闖入凡爾賽宮，將國王一家帶回巴黎。這起事件就稱作**凡爾賽遊行**。」

「瑪麗・安東妮就是那個說了『沒有麵包，那就叫他們吃蛋糕』的人吧。」

「這起事件過後，法國大革命的情勢一度沉靜下來了。」

「沉靜？所以暴動已經平定了嗎。」

「沒錯。1789年的秋天開始，舊體制逐漸解體，像是神職人員變成公務員、廢除行會體制等等。這方面的執行方式正是法國大革命最複雜的地方。」

「嗯，原來如此。推動改革的時期也包括在法國『大革命』裡，所以才會讓人搞不清楚啊。」

「唔……革命的步調之所以變得平穩，是因為改革派和國王派的紛爭暫時平靜下來的緣故。有個叫米拉波的改革派議員，擔任國民議會和路易十六及其親信的溝通管道，維持了勢力平衡。」

「那很危險吧，要是沒有他居中調停，情勢似乎就會馬上改變。」

「沒錯。在他突然去世後，法國大革命就風雲變色了。」

3 革命戰爭與國民公會

「路易十六驚慌失措，擔心改革派可能會來把自己抓走，於是計劃逃亡到王后的故鄉奧地利。」

「這就是**瓦雷訥出逃**吧，結果失敗了對嗎。」

「國王一家在國境前輕易落網，因此，**國民對路易十六的支持度墜落谷底**。就像你也不希望老師在考試前夕逃走不來上課吧？」

「我會馬上對老師失去信心喔。」

「這樣啊……另一方面,周邊各國得知逃亡事件後,紛紛向法國抗議。」

「因為擔心革命波及到自己的國家嗎?」

「沒錯。奧地利和普魯士警告法國『要保護國王! 革命沒有正當性!』**若是不遵守要求,就會出兵開戰**,這就稱作**皮爾尼茨宣言**。驚慌的國民議會因此立刻**採取了1791年法國憲法**。」

「目的終於達成了啊。」

「不過,這部憲法雖然反映了革命的成果,卻規定實行立憲君主制和限制選舉權,是一部保守的憲法。」

「嗯?法國大革命主要是第三等級的人民發起的吧,那不是應該要建立共和制才合理嗎,更何況人民已經不信任國王了。」

「說的沒錯。但是,1791年的憲法在原理上採取了君主制。

你剛才說法國大革命主要是第三等級的人民發起,但是,第三等級也有身分差異。資產階級人民,也就是布爾喬亞崛起,他們要求跟特權階級一樣的待遇。而農民當中的地主和貧窮農夫的差距也愈來愈大。主導革命的第三等級上層人士,為自己保障了某種程度的利益,所以並不期望更激進的改變。因此才會繼續實行君主制,選舉權也僅限於一定納稅額以上的人民。」

「雖然人民發起革命,結果社會卻成了金字塔型的階層結構啊」

「於是,制定了憲法的國民議會解散,成立了新的**立法議會**,推動更進一步的改革。」

「這是挑釁那些要求停止革命的國家啊。」

「是啊。這時的立法議會,分成支持維持君主制的斐揚派,以及追求共和制的吉倫特派,雙方處於對立。因此,吉倫特內閣企圖把焦

點轉移到國外來緩解對立的局面,便要求向奧地利宣戰。」

「發展成跟各國開戰了啊。」

「這就稱作**『法國大革命戰爭』**。

起初法國屈居劣勢,但議會左派的雅各賓俱樂部中最激進的山嶽派,在各地召募志願兵、擴大了勢力。這群雅各賓派的演說技巧高超,慷慨激昂的說詞贏得大眾的支持。

後來,雅各賓派帶領志願兵和無產階級闖入宮中,捉拿了路易十六一家,**波旁王朝的王權就此終結**。」

「這就是**8月10日事件**對吧。革命的齒輪突然加速了。」

「激進派透過普通選舉召開**國民公會**,宣布廢除君主制、成立第一共和國。隔年的1793年,路易十六被送上斷頭台。」

「事情終於發展到處死國王這一步。各國因此群起反抗,**組成反法同盟並且包圍了法國**。」

「處死國王實在不行啊,而且餘波還可能會影響到其他國家。」

「法國大革命的複雜之處,在於後來雖然依舊推動國內改革,對外卻繼續發動革命戰爭,行進的方向太多了。

海豚,請問國民公會的特徵是什麼呢?」

「特徵……革命的火力已經全開了,所以就是注重第三等級的權益嗎?」

「答對了! 就是把焦點放在第三等級的大眾來推行改革。**國民公會以主導者羅伯斯比爾為中心,實行了『過度改革』**。

例如在1793年訂立憲法,規定採取共和制和男性普選權。」

「這跟1791年的憲法很不一樣呢。」

「因為考慮到了第三等級的人民。另外也無條件廢除了地租。全

國農民都能擁有土地,解決了自中世紀延續下來的領主與農奴的關係。除此之外,還有規定生活必需品的價格上限、制定法國共和曆等等,整肅了社會紀律。」

「好嚴厲喔。如果他是球隊隊長的話,其他隊員們應該跟不上他的腳步吧。」

「會覺得很緊繃吧。但凡是忠告羅伯斯比爾『這樣是不是太過火了?』的人,都陸續被他處死了。他**實行了恐怖統治**。

他的行為激起人民反抗。因為農民已經獲得了土地,不希望再繼續革命;中小型資產階級則是因為最高限價法,無法順利出售商品,情況不如預期。1794年,人民發起政變、處死了羅伯斯比爾,**雅各賓派垮台**,史稱熱月9日政變。」

「過度的改革會引起人民反動呢。法國大革命就像在拔河一樣。」

4 拿破崙崛起與執政府

「老師,拿破崙到現在還沒出現欸,我已經充分了解法國大革命了,但上課時間還夠嗎?」

「你考慮得真周到……他就快出場了!

那麼,1795年法國制訂了憲法,建立督政府。新憲法規定要實行共和制,但卻採取限制選舉,**重視資產階級的權利**。」

「結果就這麼定下來了啊。」

「**總之政局動盪不安**,資產階級和底層人民依舊對立,保王派在各地都有伺機而動的跡象。改革導致財政經常赤字,革命戰爭也持續不休。社會多次發生陰謀事件,反正情勢就是亂七八糟。」

「**拿破崙就在這個時候登場了**對吧。」

「對,你猜的一點也沒錯。

年輕的拿破崙在動亂中崛起,成為重建法國的明日之星。」
「竟然說他是明日之星……」

「拿破崙・波拿巴在1769年出生於科西嘉島,是小貴族家庭裡的次子。當時這座島是法國領土,少年時代的他進入本土的軍校就讀。」
「聽說他在學生時期,因為說話有科西嘉的口音而遭到取笑,一直都躲在教室的角落讀書對吧。」

圖4-2　拿破崙帝國的最大疆域

莫斯科
英國　荷蘭　普魯士　華沙大公國　俄羅斯
萊茵邦聯
滑鐵盧　奧斯特利茨
法國　奧地利
葡萄牙　鄂圖曼帝國
西班牙
特拉法加角外海　科西嘉島
厄爾巴島
埃及

■ 法蘭西帝國
■ 從屬拿破崙的國家
■ 拿破崙的同盟國

「好像是這樣。他不愛說話又沒什麼朋友,尤其跟貴族的小孩處不來,畢生都貫徹著叛逆精神。

拿破崙20歲時發生了法國大革命,他回到科西嘉島過著遊手好閒的日子,後來因為雅各賓派的關係,24歲加入革命軍,還沒什麼建樹就被升為上尉。」
「才能被發掘了吧。」
「嗯,誰知道呢。這個時候法國大革命急轉直下,許多貴族流亡

169

海外，**導致將官人數不足，所以他才會升遷**。在這之前，將官一般都是由貴族世襲。」

「原來是因為革命的關係啊。」

「拿破崙首度出征，是土倫圍城戰。」

「就是拿破崙提議『若要拿下土倫港，就要占領對面的山丘！』結果遭到無能長官否決的那場戰爭嗎。」

「後來法國採用拿破崙的戰術後，一轉眼就奪得勝利了。他的英勇事蹟瞬間傳遍了整個法國。

但是，雅各賓派在熱月9日政變中垮台後，與羅伯斯比爾有關聯的拿破崙一度被關進大牢。」

「先了解法國大革命的脈絡以後，就能充分理解他的動向了呢。」

「在督政府的統治下政局並不安穩，各地的保王派紛紛起義反抗，拿破崙應要求重回軍隊，在鎮壓叛亂中立功。於是他在遠征義大利的軍團中升為司令官，前去攻打奧地利。也在這場戰役立下軍功的拿破崙無視法國政府，逕自與奧地利和談，瓦解了第一次反法同盟。」

「拿破崙的軍團也太強了吧，他是不是用了什麼招數啊。」

「他的軍團是由國民兵組成，士氣高昂，能夠執行高度戰術。過去的常備軍是從各地集結而來的士兵，所以對國家的忠誠度較薄弱，指揮系統有瑕疵，聯絡也不充分。

法國大革命中，國民兵高揭人權宣言的『理念』發動革命戰爭，『為了保衛祖國』而集結的國民兵，有共同的意志、能夠克服逆境。他們成為拿破崙忠誠的士兵，打贏無數場戰爭。」

「我明白了，就是這樣才能屢戰屢勝啊。」

「拿破崙為了切斷英國與印度的聯絡管道，還遠征埃及，但正巧

在這個時候,督政府澈底失去了人民的支持,於是他回到法國、發起霧月18日政變,在1799年成立了**執政府**。」

「他**終於掌握了政治實權**呢。」

「就任為第一執政的拿破崙,致力於**穩定國內政治**。革命爆發至今已經十年,革命戰爭卻尚未停歇。他認為『此時必須要先讓社會冷靜下來才行!』於是計劃穩定情勢。」

「老師,可是對外的戰爭還沒結束吧。要是他想著重於國內政治,那不就**需要跟各個國家和平共處**嗎?」

「沒錯。拿破崙與奧地利跟英國和談,又再度瓦解了反法同盟。除此之外,他還與羅馬天主教建立了宗教協定,也與教會和解。」

「原來他也跟天主教有過糾紛啊?」

「法國大革命的目標是打破舊體制,意思就是奪走神職人員的權力,所以自然會形成與教會對立的關係。在國民公會的時代,創立了理性崇拜的宗教,以擺脫天主教的影響。但是法國多數人民仍舊信仰天主教,所以為了穩定國內的政治,就必須要跟教會和解。」

「原來如此。」

「在國內,重要政策多如牛毛⋯⋯拿破崙設立了法蘭西銀行,後來這裡成為唯一發行紙幣的銀行,穩定了國家財政。此外,他還整頓了公共教育制度,促進各地不同的方言轉換成標準語,並藉由國語和歷史教育提高民眾身為法國國民的意識。」

「只要提高國民意識,國民兵的力量就會更強了吧。」

「對,法國大革命和拿破崙的歷史功績,就是國民意識,也就是推廣『**民族主義**』。利用法國國民的意識,更深入達成一元化的統治。

而在1804年,他編寫法國民法典,也就是所謂的**拿破崙法典**。」

「拿破崙說過『我一生的榮耀就是我的民法典!』吧。」

「法國民法典是反映了革命成果的法典,明文寫出了舊制度瓦解後,形成了什麼樣的體制。這就叫作『**自由主義**』。海豚,民族主義和自由主義這兩個詞,你一定要牢牢記住喔。」

「這是19世紀的主題對吧。」

5 第一帝國與拿破崙垮台

「拿破崙的聲勢銳不可擋。1804年,經過國民投票後,他**登基成為皇帝拿破崙一世,開創了第一帝國**。」

「最終走向帝制了⋯⋯法國大革命從君主制走向了共和制吧,但最後卻變成帝制,總覺得很不可思議。

國民投票的意思是,拿破崙的加冕主要是因為歷史的趨勢和他周遭的人士嗎?」

圖4-3 拿破崙加冕

出處:賈克-路易・大衛/羅浮宮美術館藏

「當然這也強烈反映出拿破崙本身的野心,不過這個發展確實也是加上法國大革命的歷程,所產生的化學反應。

法國開始採取帝制後,各個外國又組成了反法同盟。此後,**法國持續擴大征服戰爭**。這場拿破崙戰爭朝著內陸方向行進。」

「因為法國不敵英國對吧。」

「法國在海上的戰力落後英國,在特拉法加海戰中敗給了英國海軍。但另一方面,法國的陸上戰役卻是所向無敵,在奧斯特利茨戰役中擊敗奧地利‧俄羅斯聯軍,結果使得**神聖羅馬帝國瓦解**,拿破崙團結了親法的德意志諸侯、組成萊茵邦聯。此外,他還打敗了普魯士與俄羅斯、奪占領土,建立了華沙大公國。」

「老師,請問一下。在上亞歷山大大帝那堂課時我就想過了,世界史上總是會有國家迅速擴張領土對吧。伊斯蘭世界的聖戰吉哈德也是這樣。但這種行動應該不是光憑軍事力量就能達成的吧。」

「問得好! 海豚,你還記得法國大革命和拿破崙的歷史功績是什麼嗎?」

「**自由主義和民族主義**。自由主義是打破舊制度,民族主義就是國民主義,對吧。」

「沒錯。你就想成拿破崙的軍事行動背後都高舉著這兩支大旗就行了。德國和俄羅斯在這之前也都是受限於舊制度,很多地區的民族無法建國。神聖羅馬帝國原本是領邦諸侯分立的狀態。他們在拿破崙帶來的自由主義大旗之下,推行了近代化。而原本受到普魯士和俄羅斯統治的波蘭,則是民族主義高漲。」

「他們**都認同拿破崙推廣的思想主義**,才會接受拿破崙統治。」

「拿破崙讓自己的親戚在荷蘭、西班牙即位稱王,鞏固了歐洲的統治權,在各地都推行了專制統治。**高呼自由和國民主義的拿破崙,反而是打壓了各地的自由和民族**。」

「總覺得利用自由主義和民族主義來擴張領域一定會出事。」

「⋯⋯你的意思是？」

「這不會像是潘朵拉的盒子一樣嗎。法國和拿破崙利用這兩個思想來改革和征服，藉此統治了歐洲。但是當這個思想擴散到各地以後，就輪到這些地方近代化、建立民族國家了吧。推翻封建體制的理念，用民族主義強化的軍隊，我可以預見以後**各國會發動反擊**了。」

「後續展開就跟你預測的一樣。西班牙發動抗爭反對拿破崙統治，這裡發生的游擊戰重創法軍、耗費大量軍事支出。拿破崙發布了大陸封鎖令，禁止法蘭西帝國及其同盟國與英國通商，但俄羅斯並未配合。」

「俄羅斯也是穀物出口國，要是不能與英國貿易就糟糕了。」

「沒錯，所以俄羅斯持續與英國貿易，因此拿破崙便在1812年遠征俄羅斯，率領60萬兵力進軍莫斯科。但俄軍卻撤出莫斯科，法軍毫無斬獲，在嚴冬和撤退過程中損失慘重，以慘敗收場。」

「**拿破崙時代要迎向終點**了呢。」

「之後爆發解放戰爭，拿破崙在萊比錫戰役中敗給了奧地利、普魯士、俄羅斯聯軍，被流放到義大利半島西部的厄爾巴島。在法國，**路易十八即位，波旁王朝復辟**。」

「法國原本是波旁王朝的君主制，後來變成共和制，接著成為拿破崙帝制，最後竟然又回歸波旁王朝嗎」

「對，路易十八是路易十六的弟弟，所以是十六之後由十八即位。之後各國為了終結法國大革命和拿破崙戰爭而召開維也納會議，但由於會議實在過於拖沓，拿破崙就在這段期間逃出了厄爾巴島，並且回歸巴黎。

法國國民起初還很疑惑他回來做什麼？當時各國正在維也納會議中計劃恢復舊制度，於是隨著拿破崙接近巴黎，才開始出現『拿破崙復活』的風聲，拿破崙建立了百日王朝、重返帝位。」

「這是垂死掙扎呢。」

「但是，拿破崙在滑鐵盧戰役慘敗，以英國為首的聯軍把他流放到南大西洋的聖赫勒拿島。拿破崙在監視下生活了6年，於1821年51歲時逝世。

總之，你覺得拿破崙這波瀾壯闊的一生怎麼樣呢。」

「唔，我本來對世界史沒什麼感覺，覺得歷史上的人物都只是在時勢中扮演自己的角色而已。」

「嗯嗯。」

「不過拿破崙真的有非常出色的才華，很多地方都要從法國大革命的大框架來看才能解釋，老實說很混亂。」

「在思考歷史和拿破崙時，必須把焦點放在那些奇蹟般的時刻才行。想像一下，這個時代、這個地方若是沒有拿破崙，恐怕就不會發生這種結果了。」

「他的影響非常大呢。用自由主義、民族主義解放後來的世界，確實既是功勞，也是罪過。」

「日本的明治維新從長遠的眼光來看，也是受到自由主義和民族主義的影響吧。是拿破崙規範了19世紀以後的社會。可見**拿破崙是區分了『以前和以後』的重要人物**。」

第4章 近現代

林肯
終結南北戰爭的美國總統！

方向指標

- 了解南北戰爭的對立結構
- 林肯在南北戰爭中推行了什麼政策
- 統整南北戰爭後的美國情勢

「老師,這次要講的是老實承認自己讓蘋果從樹上掉下來的偉人對吧!」

「小羊……你是不是把不同的人混在一起了。看見蘋果掉下來而發現萬有引力的是牛頓,小時候老實承認自己砍掉櫻桃樹的是華盛頓。這次我們要講的是林肯喔!」

「怎麼完全不一樣,不過我很期待喔。

他說過『民有、民治、民享的政府』對吧。」

「這次你答對了,這句話很有名。我們就從美國的歷史來看他為什麼會那樣說吧。」

1 北美十三州殖民地

「我一點也不了解美國歷史欸,歷史上突然就蹦出美國來了。」

「我懂。美利堅合眾國的獨立宣言是在1776年頒布,所以它**在世界史上算是還很年輕的國家**。」

「美國原本是英國的殖民地吧。像西班牙不就征服了拉丁美洲嗎,原來北美並不是西班牙的殖民地。」

「北美主要是由英國、荷蘭、法國殖民,後來英國勝出、鞏固了統治權。」

「英國是怎麼打敗其他國家的啊?」

「這之中的因素很複雜。英國在17世紀的資產階級革命中建立了議會主權，能夠依照議會的決策來執政。政府發行國債來充作軍事費用，而英國國債非常熱賣，有利於發起對外戰爭。

於是英國在美洲建立了**北美十三州**。」

2 美國獨立

「18世紀下半葉，英國加強對美洲殖民地課稅。」

「來了！『**加強課稅**』，這是世界史常見的理論吧。殖民地一定會反抗，不過事情的經過是怎樣呢？」

「北美十三州原本是透過地區議會自治，不過依然是英國領地。因為這裡距離本國十分遙遠，**才會允許移民者自治**。」

「當地的自立精神很強嗎？」

「沒錯。另一方面，英國與法國的殖民戰爭花費超乎預期，才會向美洲殖民地課稅。

首先英國提出印花法令，規定所有出版品都要使用本國生產的印花紙。但殖民地的居民抗議：『我們的議員並未參與本國的議會，你們無權向殖民地課稅！』

小羊，你聽過『無代表，不納稅』這句話嗎？」

「那個我知道，是殖民地表達不滿對吧。」

「因為當地的反抗十分激烈，英國只好撤消印花法令，但之後仍不斷推出新的課稅政策。」

「結果就發展成獨立戰爭了吧。」

「英國訂立了茶稅法，規定本國的東印度公司擁有紅茶的專賣權，十三州要買茶葉只能洽詢東印度公司。激憤的民眾便將堆在東印度公司船上的茶葉通通倒進波士頓港，這就稱作波士頓茶葉事件。」

「紅茶是無辜的啊……！」

「本國也派軍隊前來鎮壓、剝奪他們的自治權，狀況一觸即發。1775年，終於**爆發了美國獨立戰爭**，而殖民地陣營獲得了勝利。」

「堂堂英國竟然輸了欸。」

「英國起初位居上風，但殖民地的輿論傾向於獨立建國，由華盛頓擔任總司令、訓練國民兵，逐漸占據了優勢。而法國和荷蘭支持獨立也是一大因素。

殖民地陣營在1776年發表了獨立宣言，這一年就定為建國元年。1783年，英美簽訂巴黎條約，正式承認美國獨立。

從此以後，美國人心中都一直保有『贏得獨立！』的精神。」

「沒有學歷史的話就無法體會這種感覺呢。」

3 南北的對立結構

「咦？那林肯不是美國獨立的英雄啊。」

「對，他是南北戰爭的領袖，我們就繼續來看後面的歷史吧。

雖然都是美國，但光是獨立宣言當時的十三州面積就已經相當廣大，北部和南部的產業又不盡相同。**北部是工業地帶，南部是農業地帶**，因此南北才會產生對立。」

「為什麼產業不同就會有糾紛呢？」

「原因出在美國這個國家的體系。小羊，你知道聯邦制嗎？」

「聯邦制……邦的意思跟國家差不多吧……這些聯合起來，就是各州合作一起建立國家的感覺嗎。」

「你的直覺變準了呢！

美國給了各州很大的自治權限。」

「意思就是地方分權的封建國家嗎？」

「不是,美國的聯邦政府依然擁有很強大的徵稅權和外交權。1787年制訂的美利堅合眾國憲法中,明文記載國家會採取聯邦主義、中央政府握有統治權,但各州仍依據州權擁有很大的權限。這方面有點複雜,不過你可以把美國想像成一個豌豆莢,豆莢和豆粒都有權限,所以才會吵架。」

「老師,你的比喻好謎喔。」

「不過,為什麼這樣會造成南北對立呢?」

「剛剛說過北部是工商業,南部是農業對吧。北部開始工業革命,推動機械化而得以量產物品。但是先發起工業革命的英國製造的便宜產品要是輸入美國,美國的產業不就完蛋了嗎,所以整個聯邦都採取貿易保護主義,對英國產品課徵高關稅。」

「嗯嗯,那是當然的囉。」

「至於南部農業地帶,主要是生產棉花出口到英國。如果整個聯邦都用高關稅來對付英國的話,南部的地主就要傷腦筋了。英國可能不會願意購買棉花,所以他們主張自由貿易。」

「哦!完整的對立結構出來了。」

「因此,北部採取強化聯邦政府權限的**聯邦主義**,南部採取各州自主的**州權主義**。除此之外,會在種植業中投入黑奴的南部各州主張維持蓄奴,但北部卻反對奴隸制度。

後者為了推動工業革命,不只是想要解放黑奴,讓他們成為工廠的工人,還期望他們能成為新的消費者。

北部是保守派,後來主要支持共和黨;南部是革新派,民主黨的勢力在此茁壯。」

「這個結構好像會出現在世界史考試裡喔。」

「要記住北部＝工商業、南部＝農業,剩下的靠邏輯推論就沒問題了。

因此,奴隸問題引起的紛爭事關重大,於是雙方在1820年達成了**密蘇里妥協**,劃定南北的界線,協議『這條線以南可以蓄奴,以北不行』。

然而,作家斯托在小說《湯姆叔叔的小屋》裡描寫了黑奴的悲慘遭遇,因此激發了美國境內解放黑奴的聲浪。」

「居然動用輿論壓力啊,這下南部情勢不妙了。」

「沒錯,所以來自南部的總統就任後,在1854年訂立了由各州自決是否蓄奴的法律,即**堪薩斯－內布拉斯加法案**。最早的密蘇里妥協劃定的界線相當偏南,但新法卻有擴大奴隸州的疑慮,這件事令北部不得不提高警覺。

南北的對立,來到了無法退讓的地步。」

4 林肯與南北戰爭

「亞伯拉罕・林肯是在1809年,出生於肯塔基州的貧民農家。」

「終於出場了啊,但是若不先了解前面的脈絡,就無法充分掌握林肯的一生呢。」

「呵呵,我就說吧。

林肯雖然沒能充分受教育,但他的繼母非常熱心教導他讀書。他愛書成癡,獨力學成了各種學問。他也很愛活動身體,還曾經迷上了角力。林肯的本性十分認真又富有正義感,擁有兩公尺的高壯體魄,但也有靈巧的一面,嗜好是研究機械。

林肯長大成人後,從事過許多職業,大概是在這個過程中領悟到了什麼,於是開始立志從政,25歲左右就當選為伊利諾州的州議員。

他在8年的政治活動期間,還自學考到了律師執照。」

「我每次聽偉人的故事都會目瞪口呆,想說『那種事一般人做不到啦⋯⋯』」

「就是說啊⋯⋯

1847年,林肯當選為眾議員,不過當時他在演講中反對美墨戰爭,遭到輿論批判,因此一度退出政壇。」

「美墨戰爭?」

「19世紀的美國正朝著西部擴張領土,領土從十三州拓展到路易斯安那、佛羅里達⋯⋯所以為了併吞原本屬於墨西哥的德克薩斯,就與墨西哥開戰了。」

「總覺得原本是墨西哥領土的部分會瀰漫著緊張的氣氛,不過我想先看地圖確認一下美國往西擴張的狀況(圖4-4)。」

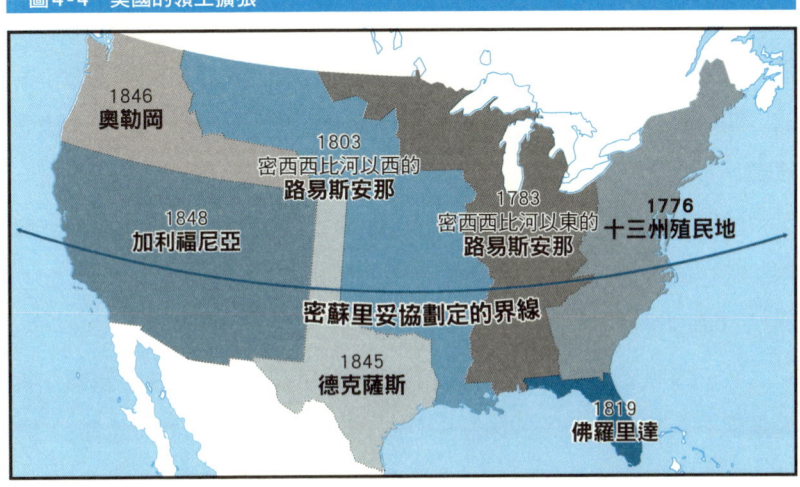

圖4-4　美國的領土擴張

「林肯後來去當民間企業的律師,一展長才,也會溫柔地對窮人伸出援手,還被稱作『誠實的亞伯』。

在這段期間內,南北的對立加劇後,林肯雖然並不主張完全廢除

奴隸制，但也質疑堪薩斯－內布拉斯加法案會造成奴隸制擴大，於是**以共和黨議員的身分復出政壇。**

這個時候的共和黨，也因為奴隸問題造成黨內分裂。因此林肯在黨大會中發表了那場『一個自相紛爭之家必無法站立』的知名演說，贏得全國的讚譽。」

「他果然很擅長演講，這是政治家的必備能力吧。」

「1860年，**林肯代表共和黨出馬參選總統，順利當選**。反對奴隸制到出名的人當選了總統，所以**南部各州便脫離合眾國、建立美利堅聯盟國。**」

「衝突在即呢。」

「1861年4月，南北戰爭終於爆發。林肯以戰時總統的身分指揮北軍，但他缺乏軍事知識，所以起初是南軍占有優勢。那麼小羊，請問北軍要怎麼逆轉情勢呢？」

「我突然變成參謀了！這個嘛，找其他勢力來支援，這個方法怎麼樣。」

「不錯喔。當時的美國除了北部跟南部，還有西部。林肯將土地賜給移居的西部農民，**於是獲得了西部各州的支持。**」

「有來自外國的支持嗎？」

「在19世紀，英國已經廢除了奴隸制度，先進國家當中只剩下美國還保有奴隸制。因此，林肯在1863年公布了『**解放奴隸宣言**』，向國內外表明北部的正當性，因此獲得了歐洲各國對北部的支持。」

「這是出於政治上的判斷嗎？」

「嗯，**林肯是個非常擅長權衡政治的人**，他考量了戰爭、輿論趨勢、黨內立場、國際關係後，才選在這個時候公布。世界史的難處，

就在於沒辦法一切都用理想論來解釋。

在南北戰爭最慘烈的蓋茨堡之役，北軍獲勝後，林肯就發表了那場知名的演說。」

「是那個『民有民治～』對吧。他這麼做的用意是什麼？」

「是為了展現民主主義的基本原則，呼籲大家放下武器來談判。」

「蛤，都這樣了才……」

「在這場戰役之後，北軍一直處於優勢，1865年才終結了南北戰爭。這是空前絕後、美國人死亡最多的戰爭，至今仍深深烙印在國民的心中。」

圖4-5　蓋茲堡演說

5 美國及其後續

「在戰爭結束前，林肯就先在憲法第13條修正案中廢除奴隸制，此後在各州通過法案。多達數百萬的黑人奴隸從此解放。」

「但是美國到現在還是有根深蒂固的黑人問題，所以並不算是解決對吧。」

「這個嘛，但可以確定的是這時已經邁出一大步了。

戰爭結束五天後，林肯在首都華盛頓的劇場裡觀賞戲劇時，被激進的南部人士槍殺身亡，享年56歲。」

「怎麼會，他才正要重建美國欸……」

「他是第一位在任職期間遇刺身亡的總統。

林肯死後，美國以北部為中心持續推動工業革命，致力於以聯邦主義建立統一國家，在19世紀末發展成名符其實的世界最強國家。」

「說他奠定了基礎可能有點誇大，不過他終結南北戰爭的能力還是很了不起呢。」

「不過，美國從此以後都以『自由和民主主義』的口號擴張勢力。我不敢保證這是林肯預料中的發展……他在任期內也四處樹敵，但他身為統一了分裂國家的『救世主』、『解放奴隸的實踐者』，**在歷任總統中獲得最高的評價**。」

「我開始想看林肯的言行錄或演說集，了解他究竟有什麼思想了。雖然不知道這些書能反映多少他真正的想法……」

第4章 近現代

馬克思
社會主義理論集大成的知識巨人！

方向指標

- 19世紀的德國是處於什麼狀況
- 理解資本主義的矛盾
- 了解馬克思的社會主義理論及其後續發展

「這次要講的是馬克思。海豚，感覺這是你喜歡的主題呢。」

「我對社會主義相關的思想非常有興趣喔，也一直很想研究為什麼蘇聯會解體。」

「畢竟世界史也有『人類失敗列傳』的一面呢。」

「我很期待學到馬克思思想的誕生過程。」

1 何謂19世紀

「海豚，請問19世紀是什麼樣的世紀呢？」

「什麼樣啊……這個問題未免也太難了。因為世界史已經體系化了嘛，用時期來思考的話，1800年前後的大事，就是**英國工業革命和法國大革命**這兩個關鍵不是嗎？」

「你很敏銳喔。」

「工業革命催生出資本主義，在法國大革命和拿破崙之後的世界，則是散播自由主義和民族主義。」

「對，**19世紀的特徵，用（ⅰ）資本主義成立、（ⅱ）民族國家形成**，這兩點就能概括。資本主義衍生出階層差距的矛盾，馬克思建構出社會主義的理論。而1871年德意志統一，可以算是自由主義和民族主義的集大成。馬克思是德國人，被捲入了統一運動的動盪之中，人生過得十分艱辛。」

「**馬克思是體現了19世紀的人物**啊。」

「你這句真是一語中的！」

「讓我再多談一下作為民族國家的德國吧。

19世紀的主流是自由主義和民族主義。由法國大革命和拿破崙點燃導火線、擴展到全世界的這個思想，促成了希臘和拉丁美洲獨立、西班牙和俄羅斯的革命運動、義大利統一，最終影響了亞洲各地的近代化和獨立運動。海豚啊，你能說明一下19世紀初的德國情勢嗎？」

「我試試看。中世紀以後的德國相當於神聖羅馬帝國，但一直處於領邦諸侯在各地自立分權的狀態。拿破崙消滅帝國後，維也納會議中成立了德意志邦聯，但是在這個框架下並沒有統一，**德意志依舊處於分裂**。」

「解釋得很完美！而且德國也不例外，同樣受到自由主義和民族主義的浪潮衝擊。根據近代的原理，他們要求政治改革、鼓吹由德意志人統一國家。」

「德意志統一是19世紀下半葉很重要的主題對吧。」

「沒錯。這裡就姑且省略詳細的統一歷程，在維也納會議以後，要求制定憲法的學生在各地引起暴動，領邦國家之間組成經濟同盟。1848年發生三月革命，才終於召開討論統一問題的會議，但因普魯士和奧地利意見相佐而破局，總之過程十分坎坷。馬克思就是在這樣的局勢下度過青年時期。」

「感覺心智會鍛鍊得很強。」

2 資本主義的矛盾

「老師,我可以問工業革命和資本主義的關聯嗎?」

「工業革命促成了資本家布爾喬亞,和工人普羅列塔利亞這兩大階級。布爾喬亞投資建設工廠,讓工人在那裡工作,藉由大量生產來創造利益,並運用利益擴大工廠。

這就是資本主義的原理(圖4-6)。」

圖4-6　資本主義的模型

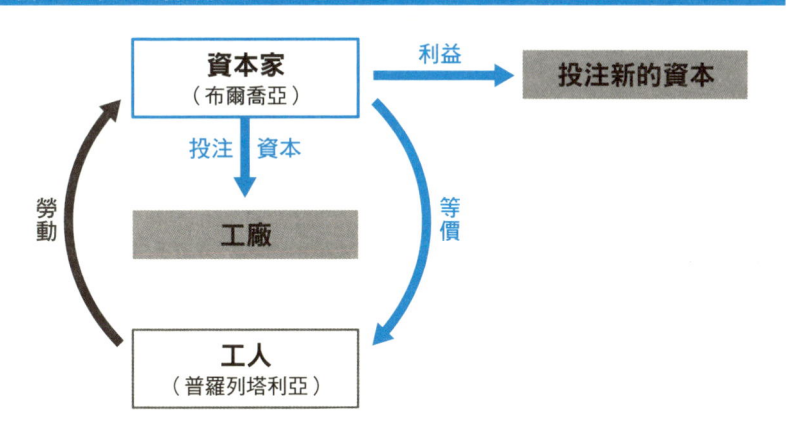

```
          資本家 ──利益──→ 投注新的資本
        (布爾喬亞)
    ↑     │投注 資本    ↘
  勞動    ↓              等價
          工廠            ↓
    │                    ↙
          工人
        (普羅列塔利亞)
```

「這是**資本家無論如何都能賺錢的體制**呢。」

「沒有錯。

英國的工業革命在1760年正式啟動,直到1830年代才告一段落。同一時期也鞏固了資本主義,接著依序擴散到世界各地。英國工業革命是從1760年代到1830年代,這個年分你一定要牢牢記住。」

「資本主義的矛盾造成了很多問題對吧。」

「資本主義發展出勞工問題。假設海豚你是資本家的話,會用多少薪資僱人幫你工作呢?」

「時薪300日圓。」

「呃⋯⋯不過說的也是啦，布爾喬亞都會想儘量節省人事成本、壓低商品價格。這就是競爭。」

「資本主義在結構上對布爾喬亞有利呢。那工人對待資本家不就沒辦法強硬起來，否則可能會丟了工作嗎。」

「在低薪、惡劣的環境下長時間勞動是常態。連婦女和兒童也被迫到工廠工作，衍生成社會問題。各地都組成了工會，工人破壞機器的運動也擴散開來。

在19世紀上半葉，才逐漸揭露了資本主義的不合理性。」

「嗯，那時薪調高到500日圓好了。」

3 社會主義登場

「萬惡的根源就是資本家跟他們的私有財產，所以海豚啊，你覺得要怎樣才能彌補資本主義的缺點呢？」

「不是**消滅資本家就好**了嗎？」

「好狠！但其實這是社會主義的基本原理喔。工廠和公司等製造產品的裝置就稱作生產手段，但社會主義排除了布爾喬亞，讓工人共享所有生產手段，以此實現平等的社會。」

「這有可能嗎？」

「社會主義有各種理論。首先是烏托邦社會主義，這個思想的代表人物是英國人羅伯特・歐文，他原本是個工廠主人，但十分不捨工人的待遇苛刻，便在新拉納克建造了模範工廠。廠區內附設商店和托兒所，改善了勞動環境。他還積極致力於促成工廠法，並努力提高工人的地位。」

「人事成本提高，應該會反映在商品的價格上吧。」

「沒錯。他在市場競爭中沒辦法贏過別人。」

「畢竟人人都會選便宜的商品嘛，考慮到人會依本能行動這個前提，社會主義的作用未免也太過理性了。大家共同擁有工廠，薪水也是大家平分。順從欲望而生的智人應該無法理解這個機制的根本吧。我覺得歐文的理想很難實現。難道只能消除人的本能了嗎？」

「唔……但是你說的對。所以另一個烏托邦社會主義代表，法國的聖西門就創立了新基督教，從思想方面著手。感覺就像在呼籲大家放棄自我吧！但這個方法果然也行不通。所以這些思想才會被後世的**馬克思等人稱作空想、烏托邦社會主義**。」

「話說回來，國家組織的機能就是集約和分配、扮演財富的幫浦角色吧？但我總覺得這個結構有問題，因為既不公平、公正，也不友愛啊。」

「所以後來就**出現了無政府主義**。法國的普魯東提出『財產就是竊盜』，否定政治上的權威、奠定無政府主義的理論。他主張只要完全自由的個人互相聯繫，就不需要政府機能，但是他在與馬克思的論爭中敗退，從此沒落。

因此，馬克思的思想就成為社會主義的中心理論了。」

4 馬克思的思想

「馬克思在1818年出生於普魯士的特里爾，父親是猶太人律師。他在德國各地的大學研讀法學、歷史和哲學，1814年取得耶拿大學哲學博士，是一名傑出的研究家。」

「原來他是哲學家啊？」

「**他研究過各種學問**，包括哲學、法學、歷史，以及社會學，他的思想體系就稱作馬克思主義，是個知識的巨人。尤其是在哲學方面，他以批判的立場繼承了黑格爾的辯證法，也深入研究唯物論，並

將這些思想統合起來。」

「世界史也會突然出現有點難的哲學用語呢。」

「呃……我大致解說一下吧。所謂的辯證法，是指一旦肯定某個命題，接著就會出現否定它的理論，兩者融合就能得出更高境界的思想。唯物論是主張萬物的根本都在於物質的思想。**馬克思確立了唯物史觀**，主張是人的物質生產活動塑造出歷史和社會。」

「這是什麼意思？」

「馬克思統合了辯證法和唯物論，認為是資本主義中生產關係的矛盾造成了階級鬥爭，並提出社會主義的必然結果，就是工人階級會推翻布爾喬亞、共享工廠等生產手段。」

「看起來是很革命性的理論。」

「他還**預言最後將會發生社會主義革命**。

19世紀中葉，在德意志各地鼓吹統一運動的時代，各國政府費盡心思鎮壓暴動和革命運動。1840年代前半，馬克思成為左派文壇廣受矚目的王牌作家，卻受到普魯士政府打壓，於是他只好遷居巴黎。」

「馬克思在法國認識了畢生摯友恩格斯。此外他還參加工人階級的社團，親眼目賭他們的不幸。他也在這裡積極發表論文。

然而，1840年代中期的法國開始推動工業革命後，法國政府擔心無產階級崛起，開始打壓社會主義者，將馬克思驅逐到國外。」

「他不管去哪裡都被排擠啊。」

「他為了方便隨心所欲做研究和移居，便放棄了普魯士國籍。後來，倫敦組成了社會主義團體，邀請馬克思加入，於是他在1848年**發表了《共產黨宣言》**作為組織綱領，疾呼『全世界的勞動者，聯合起來！』鼓吹階級鬥爭和社會主義革命。他們主張的社會主義，就稱

作共產主義。」

「做這種事好像會被鎮壓……」

「同樣在1848年,巴黎再度發生革命,史稱二月革命。這場革命波及奧地利和德國,導致維也納和柏林爆發三月革命。

海豚,請問1789年的法國大革命,跟二月革命和三月革命有什麼差別呢?」

「這個嘛。19世紀中葉是資本主義已經扎根的時期,所以是有很多工人加入革命嗎?」

「答對了!二月革命有很多無產階級加入,第二共和國的臨時政府是由社會主義者所籌建。因此,德意志發生三月革命時,馬克思歸國並從事革命運動的理論指導。他擔任宣揚革命思想的報紙主筆,但這份報紙果然遭到迫害停刊,他也被驅逐出境。」

「啊……又要流浪了。」

「馬克思最後落腳倫敦,跟妻兒一起過著貧窮的生活。英國政府不願意給他公民權,他的收入僅有報紙的稿費。所幸恩格斯是資本家,所以馬克思終生都受到他的援助。」

「不過,馬克思在倫敦埋首於研究當中。像大英博物館裡有非常豐富的史料可以參考對吧。此外他還共同創辦了國際工人協會第一國際,巴黎工人建立了自治政府巴黎公社時,他也表態支持。」

「他的餘生都在研究社會主義理論呢。」

「他**在1867年出版了《資本論》第一卷**,這是一套大部頭的著作,涵蓋哲學、社會學、經濟學等等,是刻劃了所有馬克思主義主張的歷史名著。等你上大學後一定要挑戰讀看看。」

「我現在就會讀。」

「這,你正在準備考試吧,太厲害了……

馬克思晚年疾病纏身,最愛的妻子珍妮已先他而去。他自述這個時期是『精神的漫性沉滯』,之後在1883年因肺部腫瘤病逝於倫敦,享年64歲。」

5 馬克思的後續影響

「馬克思死後,恩格斯整理編輯他遺留的手稿,出版成《資本論》第2卷和第3卷。另外還有多名社會學家錘鍊他的思想,其社會主義經濟和革命理論才能完成。」

「然後就發展成俄國革命了吧。」

「第一次世界大戰是派工人上戰場從軍,而且戰爭導致物資匱乏後,引發了通貨膨脹。社會主義勢力為了保護工人而崛起,所以在戰爭期間及結束後,各國都發生了社會主義革命。工人與士兵會合,成立了自治的代表會議蘇維埃。」

「老師,我之前就在想了,蘇維埃具體來說到底是什麼?」

圖4-7 社會主義的擴大

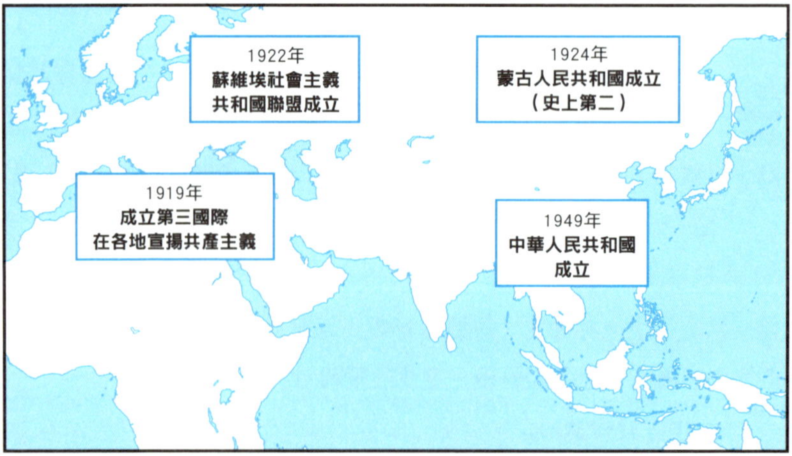

- 1922年 蘇維埃社會主義共和國聯盟成立
- 1924年 蒙古人民共和國成立（史上第二）
- 1919年 成立第三國際 在各地宣揚共產主義
- 1949年 中華人民共和國成立

「的確,很多人都不太清楚它是什麼。自治就意味著這是由工人主導財富集約和分配的組織,而各地的蘇維埃合作建立了聯邦國家。」

「體現了馬克思的理想呢。」

「打頭陣的就是俄國革命。領導者列寧被視為馬克思主義的繼承人。另外,中華人民共和國是以馬克思主義為基礎的國家。雖然現在蘇聯解體了,但中華人民共和國還在。這就是馬克思的思想,在20世紀對社會主義國家的影響。」

「老師,我剛才說過『消滅資本家就好』對吧,這裡我要修正一下。假如資本家消滅後,沒有人能夠收集、分配生產的物資,社會不就會停擺嗎。所以還是需要建立階級社會,但這樣不是**終究還是會發展成『有產和無產』的兩極化**嗎。」

「你說的很好。蘇聯曾經實施過計劃經濟,但生產定額需要多少、由哪個蘇維埃(自治組織)負責的人事任命權等權限,都是由總書記掌握。因此史達林一握有獨裁權後,就肅清了所有反對者。在中國,毛澤東為了奪回權力而發起無產階級文化大革命。各地為了復興共產主義而進行武力抗爭,已無從得知究竟犧牲了多少人命。」

「嗯,我開始覺得乾脆把政治交給電腦處理算了。

資本主義社會的偏差已經揭露很久了呢,但社會的階級差別依舊未能解決。老師,應該要怎麼辦才好啊?」

「應該需要先重新思考一下馬克思的思想吧。漠不關心才是最大的問題。這位知識的巨人能夠運用各種方法解決社會上的問題,我認為**就算只是跟幾位年輕人談論他的思想,情勢也一定會改變**。」

第4章 近現代

孫文
推動中國改革、致力建設共和國的革命家！

方向指標

- 掌握19世紀的中國情勢與近代化的內容
- 確認辛亥革命的成果和挫折
- 統整孫文的革命運動歷程，以及他死後的中國情勢

「這次要講的是孫文。小羊，你對他有什麼印象？」

「哎呀，我對近代幾乎不了解……他是中國的偉人吧。我國中的時候應該有念過，但上課是以日本的歷史為主，所以我也只聽過他的名字而已。」

「雖然課堂上只是教大略的歷史事實，但往往還是讓人進入不了狀況，尤其是近現代史的人物更是如此。這次我就穿插19世紀到20世紀的中國情勢，來探討孫文的故事吧。」

1 亞洲的近代化與動盪

「小羊，請你簡潔說明一下19世紀亞洲的特徵。」

「哇，突然來個這麼難的問題。要我簡單說明反而很難講，該說是**亞洲被歐洲列強侵略**……之類的嗎？」

「小羊……你得分了！」

「咦？這麼簡單可以嗎。」

「你答得很簡潔喔。

不過，歐美列強的勢力擴張範圍，會因地區而有很大的差異。」

「鄂圖曼帝國不也離歐洲很近嗎，好像會很辛苦。」

「沒錯，帝國的領土在19世紀縮小了不少，但也推行了近代化，才能一直維持到第一次世界大戰後。

而伊朗在卡扎爾王朝時代,民眾對英國和俄羅斯侵略的反抗愈來愈激烈。」

「那印度怎麼樣了呢?」

「當時的印度是蒙兀兒帝國,但英國把印度視為重要的殖民地、加強統治。印度因此發生叛亂,蒙兀兒帝國就此滅亡。從此以後,印度都是由英國直接進行統治,建立了印度帝國,並且由維多利亞女王兼任皇帝。

另一方面,東南亞除了泰國以外,幾乎都被歐洲列強瓜分。」

「亞洲只有日本成了列強呢,是有什麼祕訣嗎。」

「最大的理由就是日本距離歐洲太遠了吧。還有日本在明治維新以前的動盪時期,美國正在打南北戰爭,沒有餘力對外擴張。」

「原來是這樣。那是不是也因為人民很勤勉之類的? 就是有儒教精神。」

「這我就不太清楚了。參照現代的東亞發展,雖然各國對儒教的態度也是關鍵,但日本受儒教的影響應該沒有那麼深。例如朝鮮半島的李朝會向中國朝貢,也引進了錄用官員的科舉考試,可見受儒教的影響很大。但是日本的江戶幕府雖然將朱子學定為官學,卻沒有引進制度。」

「在中國,儒教精神反而阻礙了近代化嗎?」

「這部分我們就繼續看下去吧。」

2 清朝的近代化與挫折

「**19世紀的清朝國力衰退愈來愈明顯**,原因在於人口增加。人口增加就會縮減居住空間,環境也會隨之惡化,因此引發嚴重的社會慌亂,各地經常發生農民暴動。但清朝的傳統軍隊,八旗和綠營已經沒

有能力平定動亂,所以是由地方有力人士出面鎮壓。」

「變弱了啊⋯⋯」

「在19世紀中葉,英國的入侵格外嚴重。因為中國擁有很多好物產,像是絲綢、陶瓷,而最重要的就是茶葉。」

「英國人會喝茶對吧,王公貴族都會喝嗎?」

「對,還有工人也會喝。英國在19世紀初持續推動工業革命,但可能是工作壓力太大,工人酗酒問題變得嚴重。因此資本家讓工人喝添加大量砂糖的濃茶。紅茶裡也含有咖啡因,有提神作用,所以英國才會儘量購買大量便宜的茶葉。」

「但中國就是不願意賣給他們⋯⋯是嗎。」

「因為中國原則上只接受朝貢貿易。

因此,英國就走私印度產的鴉片到中國換取茶葉,此舉卻讓中國頭痛至極。鴉片是強力毒品,民眾的毒癮衍生成社會問題,清政府開始取締鴉片,引發英國反彈⋯⋯」

「結果就是鴉片戰爭。」

「不過在這場戰爭中,清朝敗給了已經近代化的英國海軍,陸續簽訂南京條約及其他不平等條約,導致歐美列強的侵略變本加厲。

社會一動盪起來,就爆發了大規模的農民起義,即太平天國之亂。清朝的正規軍隊不堪一擊,是靠地方義勇軍組成的鄉勇部隊鎮壓叛亂。19世紀中葉的清朝就處在這種局勢下。」

「嗯,看來需要做些根本的改革呢⋯⋯」

「所以清朝發起了近代化運動。」

「提到近代化,就是引進西方的技術和思想吧。」

「這就稱作**洋務運動**。清朝建立了近代的工廠、鋪設鐵路、軍隊

西化,但是,近代思想的引進卻沒有進展。」

「為什麼?」

「是為了維持王朝體制。清朝是用中國傳統文化來維持國家體制,由通過講求儒學素養的科舉考試、有官僚身分的人來推行政治。所以,他們害怕會失去自己的權益,所以拒絕採取西歐思想。這個立場就稱作『**中體西用**』。」

「原來如此,**只利用西方技術,但不改變國家體制**。政治和社會體系不變,所以才沒能順利近代化吧。」

「沒錯。日本是推翻江戶幕府、瓦解武士的統階層,改變社會體制後才推動西化。姑且不論哪一方的做法才好,至少**從近代化的觀點來看,中國是落後了**。

中國輸掉中法戰爭和甲午戰爭。各個列強把中國視為投資標的,更肆無忌憚侵略中國。19世紀末的清朝已逐漸淪為殖民地。即使如此,知識分子的近代化運動依然遭到政府打壓。像日本明治維新一樣大力推動改革的開明派人士康有為來勢洶洶,但仍遭到慈禧太后等保守派的壓迫而失敗。」

「到了這個地步竟然還在內鬥啊。」

圖4-8　19世紀列強入侵中國與清朝的近代化運動

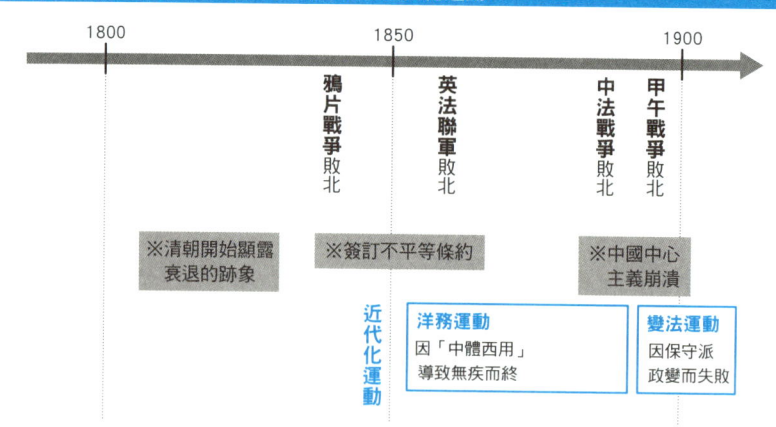

```
1800              1850              1900
  |————————————————|————————————————|→
           鴉片戰爭    英法聯軍    中法戰爭  甲午戰爭
           敗北       敗北        敗北      敗北
```

※清朝開始顯露　　※簽訂不平等條約　　※中國中心
　衰退的跡象　　　　　　　　　　　　　主義崩潰

近代化運動

洋務運動
因「中體西用」
導致無疾而終

變法運動
因保守派
政變而失敗

3 孫文的革命運動

「孫文是1866年出生於廣東省的貧窮農家。他投靠在夏威夷事業有成的哥哥，12歲就移居檀香山，在當地的高中學到西方思想，但家人擔心他闖禍，便把他帶回中國。」

「原來孫文是海外歸國子女啊。」

「對啊。後來，他在香港的醫科學校第一名畢業，在澳門開設醫院，經營得還算有聲有色。他就是在這個時期開始深入關注政治問題，甲午戰爭爆發後，他下定決心前往夏威夷，**於1894年創立了革命團體興中會**。」

「是為了推翻清朝嗎。」

「這個時候他終於開始立志革命。隔年他在廣州起義，失敗後流亡日本，將據點移到美國和英國。他在倫敦遭到清朝公使逮捕，後來將這段經歷寫成《倫敦蒙難記》出版，從此成為國際知名的革命家。」

「他居然能脫險啊。」

「他是靠熟人的人脈才逃脫的。小羊，人際關係很重要喔。」

1897年,他到日本與犬養毅等政治顯要交流,獲得他們的支持,還與日本女性結婚。」

　「孫文跟日本的淵源很深呢。」

　「就是啊。日本確定在日俄戰爭中勝利後,孫文立刻**在東京創立了『中國同盟會』,擔任總理**。他將好幾個團體統合成革命組織,提出三民主義,也就是民族獨立、民權推展、民生安定,成為革命運動的先鋒。」

　「有3個民,所以叫三民主義啊。」

　「他創辦了《民報》雜誌,提倡中國人的意識改革,他是真心擔憂中國的現狀。

　孫文在多次武裝起義中被推舉為改革派,但每次起義失敗都只能流亡。」

4 辛亥革命與中華民國的創立

　「到了20世紀初,中國也開始推動工業革命,中國的資產階級因為輕工業而崛起,這就稱作民族資本。這個時期的中國遭到列強瓜分,但民族主義逐漸高漲,資產階級便成了改革的中心。

　這群民族資本家發起收回利權運動,打算**從列強各國手中買回鐵路和礦山的利權,親自保護本國的利益**。」

　「孫文等人的運動開始有成果了呢。」

　「另一方面,清朝在1905年推行庚子新政,廢除科舉並建立新軍。新軍就是西方的現代化軍隊。」

　「終於廢除科舉了啊,雖然有點太遲了。」

　「除此之外,還擬訂了憲法大綱,眼看就要成立立憲君主制了。

　但是,如此廣泛的改革會耗費掉不少國家預算吧,清朝根本沒有

籌措資金的能力。因此,政府宣布鐵路國有化,還向國外貸款作為擔保。但這個鐵路原本是民族資本千辛萬苦建設的成果。」

「嗯?所以說,政府將原本是中國人向列強買回權利、扎扎實實建設的鐵路變成國有,然後又向外國借錢來修建嗎?」

「沒錯。」

「好離譜!這實在忍無可忍了吧。」

「因此後來**在四川發生民眾暴動**,清朝政府派駐紮在武昌的新軍前去鎮壓。但新軍的中樞也認為『這難道不是政府的過失嗎?』軍隊反而也起義了。」

「槍口全都對準清朝政府了。」

「沒錯。**1911年,這裡就爆發了辛亥革命**。

革命波及了全國,鎮壓各省的叛軍脫離清政府、宣布成立共和國。當時的孫文正流亡於美國,收到革命爆發的消息後,便立刻動身回國領導革命。」

圖4-9 辛亥革命相關地圖

「那當然要馬上回來囉,機不可失。」

「翌年1912年,表態獨立的14省代表集結在南京,**推舉孫文擔任中華民國臨時大總統**。剩下的敵人,就是仍據守在北京一帶的清朝政府,但掌握清朝政府實權的袁世凱擁有中

國最強的北洋軍。小羊,請問這要怎麼辦?」

「打倒袁世凱!」

「呃,可是啊,他有北洋軍⋯⋯

選項是(i)打敗、(ii)談判、(iii)投降其中一個。」

「那當然是(iii)囉,(i)已經確定很難達成了對嗎?」

「對,所以孫文到北京與袁世凱達成協議,利用他的權限逼迫宣統皇帝溥儀退位,讓袁世凱就任為中華民國臨時大總統。」

「溥儀就是電影末代皇帝裡那位知名的皇帝吧。**袁世凱以終結清朝作為代價,掌握了中華民國的最高權力**呢。」

「就是這樣沒錯。所以在清朝滅亡後,才會出現亞洲第一個共和國。這原本是一場跨時代的革命⋯⋯」

「但孫文卻把領袖的地位拱手讓給袁世凱,情勢似乎不樂觀啊。」

「當時位在南京的中華民國政府,還沒有能力在整個中國實行共和政體。」

「什麼意思?」

「嗯,政府終究需要擁有龐大的軍事力量才方便統治,尤其是在法律尚未建構的時期更是如此。中國同盟會未能建立有體系的行政組織,個人紀律也紊亂不堪。因此,孫文創立了國民黨,準備籌建議會政治,卻遭到袁世凱壓迫而瓦解。袁世凱野心勃勃,無視作為暫定憲法的臨時約法,推行專制統治。」

「我就知道!」

「於是**1913年發生了二次革命,以推翻袁世凱的獨裁**。但這次革命遭到鎮壓,孫文流亡日本。」

「事情真不順利啊。」

「**孫文在東京組成中華革命黨，準備更進一步的革命**。另一方面，1914年第一次世界大戰爆發，日本占領了德國的租界山東半島。這代表日本加入了對抗德國的協約國陣營。因此，日本向袁世凱政府提出二十一條，要求取得山東等地的權益。」

「我在日本史念過二十一條要求，原來中國當時辛亥革命還沒結束啊，我都不知道。」

「對，袁世凱因為處在革命的混亂之中，便答應了日本的要求，結果引發中國民眾嚴重不滿，各地爆發反對運動。於是袁世凱打算恢復帝制來因應這個狀況。」

「嗯？恢復帝制，難道他想自己登基？」

「這怎麼可能，就是有可能。國內外都無法容忍這種事情發生，所以**1915年發生了護國戰爭**。袁世凱只能放棄帝制，翌年在落魄中去世。」

「也太會闖禍了。辛亥革命受到袁世凱個人因素的影響未免太多了吧。」

5 之後的孫文與中國

「辛亥革命後，袁世凱的下屬憑藉軍事實力在各地進行實質的統治，這群人稱作軍閥。他們的割據導致**中國分裂**。」

「孫文怎麼了？」

「他準備與各地軍閥作戰，並未放棄統一中國。

同時，辛亥革命結束時，中國的知識分子推動新文化運動，旨在改革民眾的觀念，用白話文書寫文章以提高識字率，並向大眾介紹西方文化。因此，**民眾在1919年發起了反帝國主義的五四運動**。」

「這個我也聽過，發展成反日運動了呢。」

「在第一次世界大戰的巴黎和會上,中國政府提議廢除二十一條,但遭到列強拒絕。於是北京的學生和工人發起了暴動。」

「原來如此,老師……近代史會牽扯到各地的事件,雖然變得很複雜……但是很有趣,我搞不好很喜歡喔。」

「那就好。中國人民終於覺醒了。孫文見狀後,就將祕密社團中華革命黨改組成**公眾的中國國民黨**,試圖將民眾的能量凝聚在統一運動上。」

「現在我們把歷史的視野轉換成全世界吧。1917年的俄國革命造就了共產主義的蘇維埃政權。孫文對這個現象深感興趣,認為應該可以應用社會主義理論來推動革命。

另一方面,俄羅斯也為了宣揚共產主義,把觸角伸進了中國的統一運動。在第三國際這個推廣共產主義的組織影響之下,中國共產黨於1921年成立。此外,俄羅斯宣布廢除加諸給中國的不平等條約,取得他們的信任。因此孫文與蘇聯代表會談,推動雙方合作。」

「老師,等一下。國民黨是源自於民族資本的資產階級所組成的團體對吧,這不就代表他們跟以工人為主的共產黨水火不容、不共戴天嗎。」

「你的直覺很敏銳喔。事情正如你所說的,但**孫文還是選擇與共產主義合作**,在1924年提出『**聯俄・容共・扶助工農**』的口號,聯合蘇聯、包容共產主義、加強工業和農業。共產黨員也能夠加入國民黨,於是國民黨跟共產黨的合作體制,**第一次國共合作**就此成立。」

「為什麼孫文選擇跟共產主義合作呢。」

「嗯,這如果不請教他本人,就沒辦法說得準呢。可能是因為辛亥革命的失敗在於並沒有足夠的群眾加入,他才會希望藉由共產主義

來改革工人的觀念吧。20世紀的亞洲民族主義者也經常會投奔社會主義，另外還有一個最重要的原因，就是蘇聯提供的軍事支援太有吸引力了。」

「感覺國民黨內會有反對意見呢。」

「那是當然的了。其實在這個時期，孫文已經罹患癌症。他在準備推翻各地軍閥、由中華民國達成真正的統一之際，於翌年1925年客死於北京，遺言是『**革命尚未成功**』。」

「後來中國怎麼樣了呢？」

「繼承中國國民黨的蔣介石，發起了推翻軍閥的軍事行動，史稱北伐。但蔣介石與資產階級的關係密切，在北伐期間的上海政變中鎮壓、勦滅了共產黨。」

「那不是跟孫文的路線截然相反嗎。」

「是啊。統一運動因此總算成功了，但原本應該已經瓦解的共產黨，卻在農村地帶死灰復燃。蔣介石忙著出征共產黨，在此同時，日本侵略中國的滿州事變等行動愈發激烈，最終發展成了抗日戰爭。」

「這情勢簡直天翻地覆啊。」

「蔣介石只好發起第二次國共合作，持續與日本作戰，但戰後國共內戰又再度開打，國民黨代表的中華民國被迫退守台灣。」

「共產黨計劃在大陸成立中華人民共和國對吧。」

「沒錯，不管是中華人民共和國還是中華民國，兩者**至今都將孫文尊為國父**。」

「這次追溯孫文的一生，也品味到了精彩緊湊的近代亞洲史。我也會繼續深入學習的。」

第4章 近現代

甘地
引導印度獨立運動的思想家！

方向指標

- 了解英國統治印度的狀況
- 確認印度人反英運動的原委
- 甘地是以什麼思想來推動獨立運動

「這次要講的是甘地。海豚，請多指教。」

「19世紀到20世紀的其中一個主題，就是亞洲和非洲對歐洲殖民的反抗運動對吧。其中最知名的人物就是甘地。我對他在紡紗的樣子印象深刻，很期待了解他究竟走過什麼樣的人生。」

「我們就來談談印度的近代史，同時探索他的一生吧。」

1 英國對印度的統治

「老師，為什麼英國會統治印度呢？」

「哦，你問得好基本。提到17世紀，就是荷蘭領先歐洲各國，在亞洲貿易對吧。」

「17世紀上半葉是荷蘭的世紀吧。我上課有學到荷蘭東印度公司掌控了香辛料買賣，透過中繼貿易賺進龐大的利益。」

「對對，荷蘭打壓英國商人、將他們趕出了東南亞。這場騷動就稱作安汶大屠殺。」

「英國輸給了荷蘭，別無他法，只好向印度發展對吧。」

「英國在馬德拉斯（現為清奈）和孟買等沿岸城市設立據點，從事印度貿易。尤其是印度產的棉布，在英國非常暢銷。」

「因為太暢銷了，本國的毛織品業者就向政府陳情，要求禁止印度的棉布進口，進而影響到工業革命……是這樣沒錯吧。」

205

「17世紀下半葉，法國也進駐印度，英法衝突升溫，不過英國獲得了勝利、**鞏固對印度的統治權**。

之後，英國征服了印度各地的王朝和勢力，在19世紀中葉幾乎掌控了整個印度。」

「老師，這個時期的印度是蒙兀兒帝國對吧，原來還有其他很多王朝嗎？」

「1600年代後半奧朗則布皇帝在位時，蒙兀兒帝國的疆域拓展到最大，但身為虔誠穆斯林的他迫害印度教和錫克教。在他去世後，各地動亂不斷，印度處於分裂狀態。所以英國才能趁虛而入。**19世紀中葉，蒙兀兒帝國的統治名存實亡，只剩下德里一帶的領土。**」

「但印度人也對英國發起暴動對吧。」

「沒錯，雖然發生了印度民族起義，但遭到英國鎮壓，**蒙兀兒帝國就此滅亡**。從此以後，印度就是由英國直接統治，在1877年成立印度帝國，由英國維多利亞女王兼任皇帝。」

「所以印度實質上是被英國併吞了吧。」

「英國記取印度民族起義的教訓，對印度採取分治，將領土劃分成直轄區，以及有某種程度自治權的土邦，巧妙地控制了印度，以避免再次發生動亂。」

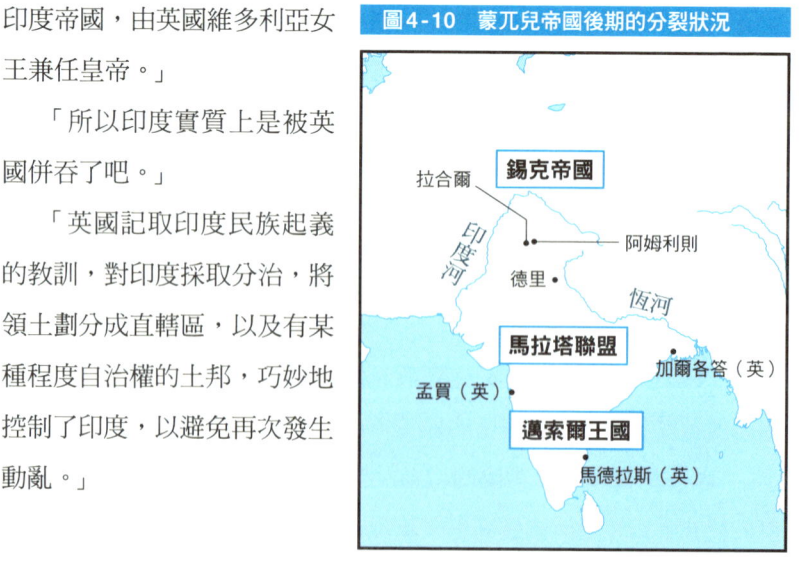

圖4-10　蒙兀兒帝國後期的分裂狀況

錫克帝國
拉合爾
阿姆利則
印度河
德里
恆河
馬拉塔聯盟
加爾各答（英）
孟買（英）
邁索爾王國
馬德拉斯（英）

2 印度人的反抗

「但是,印度人還是會繼續反抗吧。」

「海豚,你知道為什麼會發生叛亂嗎。假如英國的統治權極為正當,稅收比蒙兀兒帝國時期更穩定、人民都能確實自治,那根本沒有理由反抗吧。」

「嗯,還有就是討厭被外人統治吧……畢竟他們還有民族意識。」

「即便是同一個民族,一般大眾也是會受到上位階層的統治喔。」

「唔……英國是把印度當成自家一樣盡情榨取資源吧。話說歷史上有正當的異族統治案例嗎?」

「這個嘛,民族主義的問題會格外嚴重。19世紀的英國是用印度人來統治印度,但也在各地設立大學、提供英語教育,教導他們近代原理以便擔任地方官員。如此一來,**印度的民族意識就會提高**,開始懷疑這個體制不合理……而且他們會發現印度傳統的社會和思想,與近代思想有所矛盾,於是察覺自己的落後。因為從人權的概念來看,印度有些怪異的風俗習慣。」

「所以就由印度人菁英發起改革運動了嗎。」

「沒錯。因此,英國人察覺印度人的反抗情緒後,便在1885年召開印度國民大會,聆聽印度人的意見。當然並不是要給他們自治權,只是協商而已。」

「是讓他們發洩不滿吧。」

「印度國民大會黨起初是個親英的組織,但是到了20世紀後卻變得激進。英國宣布實施**孟加拉分治**,將孟加拉劃分成印度教徒區和穆斯林區。但印度人強烈反對這個法令。」

「分治卻導致強烈反彈嗎?」

「蒙兀兒帝國是伊斯蘭教王朝,所以印度境內是印度教徒與穆斯

林混居的狀態，但英國在印度政策上禮遇、任用穆斯林當官，來統治多數派的印度教徒。藉由對兩方教徒的差別待遇，來避免他們合作。孟加拉分治令，顯露出英國打壓印度民族運動的意圖。」

「英國在近現代史是引發很多問題的凶手欸。」

「唔，說的沒錯。因此在1906年，**印度國民大會在加爾各答召開**，印度教徒提出了『抵制英國貨・愛用國產品・獲得自治權・民族教育』的口號。由於反英運動過於激烈，英國只好取消了分治令，卻創立了穆斯林親英組織全印穆斯林聯盟，將首都從加爾各答遷至德里，以各種方式因應情勢變化。

此後，印度的獨立抗爭依然持續下去。」

3 何謂民族自決

「在20世紀初的亞洲，民族運動一鼓作氣爆發，封建國家解體，誕生了中華民國和土耳其共和國。這之中是不是有什麼在運作啊。」

「背景就在於第一次世界大戰前後的脈絡。美國總統威爾遜提出**『十四點和平原則』**，目的是要結束戰爭，但其中也包括了**『民族自決』**的概念，呼籲各個民族自主決定該民族的未來。在1919年的巴黎和會上，十四點和平原則成為協商的原則，普及到全世界。」

「這個原則聽起來很棒啊。」

「嗯，『十四點和平原則』也有很大一部分是針對社會主義。第一次世界大戰期間爆發俄國革命後，成立了蘇維埃政權。如果這股潮流波及各地，可能會有更多國家採取社會主義。威爾遜基於這股疑慮，才提倡民族自決、推動東歐各國獨立。」

「……這是什麼情況。」

「第一次世界大戰後，獨立的東歐國家由北方開始依序是芬蘭、

愛沙尼亞、拉脫維亞、立陶宛、波蘭、捷克斯洛伐克、匈牙利,以及南斯拉夫。」

「從北歐到東歐的國家,很完整地排成一直列欸。」

「對,這樣就能作為對抗蘇俄的防波提。可以看出美國就像是在向這些國家施壓,告訴他們是美國協助他們獨立,所以不該背叛美國、投靠社會主義。

因此,**非傳統歐洲的地區根本就沒有實現民族自決**。」

「世界史上**有些看似人道的行動,背底裡其實都是政治操作**呢。」

「噓,看來你知道的太多了呢!但民族自決的潮流依然傳遍全世界。被日本併吞的朝鮮發起了三一運動,遭到列強瓜分的中國發起五四運動,土耳其驅逐列強後成立了土耳其共和國,非洲則是召開泛非大會。」

「只要美國在和會上強烈呼籲,就會傳播出去呢。」

「**這股潮流也湧向了印度**。」

4 甘地的活動

「甘地是出生在西印度的商業種姓,父親是小土邦的宰相。他的興趣是閱讀,性格內向,遵守印度教徒母親的教誨,偏好過著禁欲簡樸的生活。甘地在18歲時留學倫敦,潛心苦讀後考取了律師資格。」

「家庭環境很富裕呢。」

「不過,據說他所屬的種姓反對他去英國留學。甘地回國後在印度當律師,但無法融入印度的封建社會,後來接受邀請前往南非工作。他在當地親眼目睹白人的種族歧視,開始關懷民族問題。」

「是南非種族隔離政策對吧。南非也有很多印度移民,所以甘地應該也遭遇過歧視吧。」

「1915年時期,甘地回到印度後加入國民大會黨,推動自治（Swaraj）運動。當時正值第一次世界大戰,英國答應給印度人自治權,條件是要協助作戰。許多渴望自治的印度人都因此從軍,但是在戰爭結束後,英國卻反悔了。」

「這也太過分了吧。」

「而且在戰後,民族自決的浪潮湧向印度,各地反英情緒高漲。相較之下,英國在1919年制定了印度統治法,但**內容與印度人要求的自治相去甚遠**。為了防止印度人暴動,英國又訂立了羅拉特法案,政府有權在沒有官方命令的情況下,跳過審判直接將嫌犯逮捕入獄,這也就是為了**鎮壓民族運動**。」

「那印度人當然會火大了。」

「是啊。甘地根據印度教不殺生的精神,**提倡非暴力・不合作運動**。這個思想就叫作真理永恆。不依靠暴力,而是藉由停止一切公務和納稅的行動來反抗英國。」

「英國要是攻擊完全不還手的對象,就會演變成國際問題對吧。甘地真聰明。」

「但後來狀況急轉直下。旁遮普邦的阿姆利則爆發了大規模的反英運動,英國出動武力鎮壓,導致成千上百名印度人傷亡。」

「阿姆利則慘案令甘地大為震驚,開始反思自己過往發起的運動是否出了錯。這場運動因此一度停滯,不過這個時候剛好有穆斯林推行擁護哈里發的運動,於是甘地表態要協助這場運動,藉此**讓穆斯林加入非暴力・不合作運動**。」

「什麼是擁護哈里發的運動？」

「第一次世界大戰後,鄂圖曼帝國已搖搖欲墜。土耳其要求改

革，但世界各地的穆斯林呼籲要繼續保留哈里發制。穆斯林與甘地擁有共同的思想，所以他才發起這場超越宗教的反英運動。

那張甘地穿著粗糙的衣服、用紡車紡紗的知名照片，就是拍攝於這個時期。」

「這一幕很打動人心呢。」

「但是，甘地的活動依然疲弱。印度教徒中還是有發起武裝抗爭的團體，未貫徹甘地的思想。加上英國支持全印穆斯林聯盟，導致他跟穆斯林的合作並不順利。除此之外，印度的制憲會議沒有半個印度人與會，導致反英運動更加升溫。**國民大會黨又分成保守派跟激進派，導致運動的步調並不一致。**」

「嗯，前途堪憂呢。」

5 甘地的思想及其後續

「1929年，印度國民大會在拉合爾召開。激進派的尼赫魯發表印度獨立宣言，宣布印度完全獨立，使得反英運動愈發激烈。」

「激進的運動並不是甘地的目標吧。」

「對。於是，甘地也發起了『**鹽隊遊行**』。英國擁有鹽的專賣權，但甘地透過遊行抗議，在途中破壞法規、自行在海邊取鹽。英國也出面鎮壓了這場運動，逮捕了6萬人，但甘地流著血繼續遊行的身影深深撼動了群眾。」

「英國必須想想辦法才行啊。」

「1930年起，英國在倫敦召開了英印圓桌會議作為談判的場合，但因雙方未能妥協而告終。參加第二次會議的甘地不滿會議的結果，失望歸國後就遭到逮捕。甘地出獄後，將最底層種姓的賤民稱作神的孩子，將運動的主軸轉變成解放這個階層的人民，因而與印度國民大

會黨主流派發生爭執。」

「這種改革運動都會因為內部衝突而失利呢。如果我是英國人，就會利用這個衝突。」

「海豚你真精明，我會儘量不與你為敵的。

就在這個時候，第二次世界大戰爆發，日本高呼解放亞洲而入侵緬甸國，也對印度造成了威脅。印度分成了抵抗日本的派系，與乘日本之勢達成獨立的派系，雙方互相對立。國際輿論也為了抵禦法西斯主義的擴張，而協助支持印度獨立，所以情況非常混亂！」

「等到戰後日本撤軍，情勢就會動起來了吧。」

「沒錯，印度獨立問題終於邁向了最終結局。」

「甘地**期望促使印度教與伊斯蘭教融合，統一全印度**。海豚，你會不會覺得宗教融和很困難？」

圖4-11　印度與巴基斯坦、孟加拉

巴基斯坦

喀什米爾
印度與巴基斯坦因爭奪喀什米爾而發生激烈鬥爭

印度

孟加拉
1971年
孟加拉脫離巴基斯坦獨立

「這個嘛，我上課有學到蒙兀兒帝國虔誠的穆斯林皇帝奧朗則布打壓印度教徒，所以基本上宗教不可能融和吧。但至少可以做到共存。印度也在印度河上游流域孕育出錫克教，結合了印度教和伊斯蘭教兩方的思想。基督教也特意調整迎合西歐文化，日本也是有神佛習合。

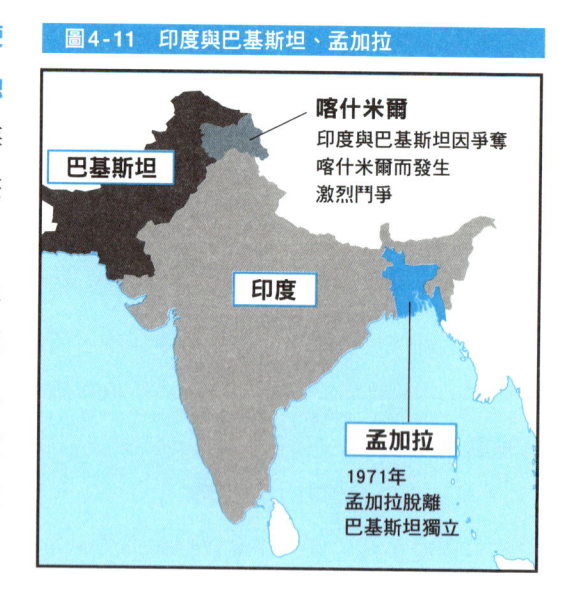

這是不是代表,印度教和伊斯蘭教**兩個宗教的對立,是民族主義和自由主義這些近代原理造成的**呢。」

「應該是有受到影響。英國藉由煽動宗教對立來分治印度。在第二次世界大戰期間,英國也與全印穆斯林聯盟協調,企圖藉此維持統治體制。戰後,南亞地區走向獨立階段,便主張以印度教徒為多數的印度,和以穆斯林為多數的巴基斯坦分別獨立。

1947年,印度獨立法宣布印度和巴基斯坦各別獨立,但甘地一直反抗到最後。他不斷與穆斯林協商,並說服印度教徒『不利己,要為他人考慮』。這些活動引起激進派的反感,甘地遭到一名激進的印度教徒青年槍殺。而他臨終的遺言是**『啊,神啊』**。」

「居然是印度教徒下的毒手,太悲哀了。之後的歷史也是走向與甘地的意志相反的方向吧。」

「印度和巴基斯坦的抗爭愈來愈激烈,尤其是雙方為了爭奪喀什米爾的主權而多次爆發大型武裝鬥爭。兩國都有核子武器,所以情勢一直處於緊繃狀態。在印度,主張印度教民族主義的印度人民黨,在20世紀末掌握了政權後,便開始推動排除穆斯林的激進運動。」

「雙方都需要重新思考一下甘地的思想呢。」

【作者簡介】
山本直人

世界史講師。任教於線上學習平台「Studysapuri」（RECRUIT），也在四谷學院開班授課。進入立命館大學理工學部後雖然轉系至法學部，卻莫名開始研究滿洲的馬政史。自學生時代就喜歡旅行，畢業後任職於旅行社，陪伴遊客走訪世界各地、增廣見聞。後來希望善用這段經歷，便轉換跑道成為世界史的補習班講師。跟太太、女兒，還有三花貓一起生活。興趣是下廚和彈鋼琴。在社群網站上以「世界史鴿」的身分宣傳世界史的魅力。

https://note.com/history_pigeon/

插畫：やまもとわさこ、著者
本文圖版：WADE

KONO 20 NIN DE WAKARU SEKAISHI NO KIHON
Copyright © 2023 by Naoto YAMAMOTO
All rights reserved.
First original Japanese edition published by PHP Institute, Inc, Japan.
Traditional Chinese translation rights arranged with PHP Institute, Inc.
through CREEK & RIVER Co., Ltd.

從20位名人看懂世界史的基礎

出　　　版	／楓樹林出版事業有限公司
地　　　址	／新北市板橋區信義路163巷3號10樓
郵 政 劃 撥	／19907596　楓書坊文化出版社
網　　　址	／www.maplebook.com.tw
電　　　話	／02-2957-6096
傳　　　真	／02-2957-6435
作　　　者	／山本直人
翻　　　譯	／陳聖怡
責 任 編 輯	／陳亭安
內 文 排 版	／謝政龍
港 澳 經 銷	／泛華發行代理有限公司
定　　　價	／420元
初 版 日 期	／2025年9月

國家圖書館出版品預行編目資料

從20位名人看懂世界史的基礎 / 山本直人作；陳聖怡譯. -- 初版. -- 新北市：楓樹林出版事業有限公司, 2025.09
ISBN 978-626-7729-38-0（平裝）

1. 世界史

711　　　　　　　　　114010796